本书为北京市社会科学基金项目"以冬奥会为契机建构与传播北京共生性国际形象话语"（编号：18JDXCB012）的成果

首都对外文化传播研究院
Beijing Institute of Intercultural Communication
北京对外文化传播研究基地
Beijing Research Center of Intercultural Communication

北京市哲学社会科学规划资助项目

北京对外文化传播
发展研究报告

(2019~2020)

主编／王磊

ANNUAL REPORT ON BEIJING INTERNATIONAL

COMMUNICATION (2019-2020)

社会科学文献出版社
SOCIAL SCIENCES ACADEMIC PRESS (CHINA)

主编单位简介

2015 年 7 月，北京对外文化传播研究基地由北京市社科规划办和北京市教委正式批准成立。北京对外文化传播研究基地是依托北京第二外国语学院建立的北京市哲学社会科学研究基地，是一个集科学研究、人才培养、决策咨询和社会服务于一体的跨学科研究机构。北京对外文化传播研究基地借助北京第二外国语学院得天独厚的外国语言学科优势和多学科融合发展的办学特色，积极整合英语学院、日语学院、欧洲学院、高级翻译学院、文化与传播学院、政党外交学院等学院和相关科研机构的学术力量，涉及新闻学与传播学、外国语言文学、哲学、政治学、经济学等多个学科，以"立足北京、研究北京、服务北京、辐射全国、走向世界"为发展宗旨，关注新形势下北京文化对外传播中亟须解决的现实问题，有针对性地开展北京对外文化传播领域的综合研究和应用研究，努力为推进北京文化向海外传播和文化产业发展提供决策咨询，为北京建设"全国文化中心"和"国际交往中心"提供知识服务和智力支持。

北京对外文化传播研究基地一直致力于全国文化中心建设、国际交往中心建设，积极落实"一带一路"合作倡议、推动中国文化"走出去"，并立足于北京对外传播的文化传播能力与路径研究、文化传播手段与媒介研究、文化传播效果与评价研究。目前，基地承接了北京市委宣传部外宣项目、北京市委宣传部引导基金项目"爱上北京的 100 个理由"，以及冬奥会、北京国际交往中心建设相关研究项目。

邱鸣教授为北京对外文化传播研究基地第一任主任，主要从事中日文化传播、日本中世文学及中日古典文学比较研究。在邱鸣教授领导下，研究基地聘请了一批海内外知名专家担任学术委员会委员，同时邀请了一批有学术影响力的相关领域学者担任专兼职研究人员，产出了一批相当有影响力的学术研究成果。邱鸣教授现为基地的学术顾问。

2019年6月起，曲茹教授担任北京对外文化传播研究基地主任，作为新闻学与传播学教授，受聘出任中宣部专家库专家、北京市委宣传部专家库专家、中央电视台节目评估专家、中国高等教育学会新闻学与传播学专业委员会理事、北京市教委新闻出版类专业群教学协作委员会委员、北京高校新闻与文化传播研究会常务理事等职。2010年入选北京市属高校"人才强教深化计划"中青年骨干人才名单，2016年入选北京市宣传文化系统"百人工程"（新闻）。

2020年是不平凡的一年，新冠肺炎疫情给北京对外传播带来新的议题和挑战。党的十九届五中全会也对从事对外传播的研究者提出了新的要求，北京对外文化传播研究基地在充分认识国际形势和环境的深刻复杂变化的基础上，准确把握重要战略机遇期，立足"两个大局"做好对外传播工作，创造性地做好政策咨询研究、推动对外交流、讲好中国故事，进一步深入研究如何发挥北京的对外文化传播力量和对外交往功能。通过对冬奥会等重要议题的研究，进一步提升北京对外文化传播的国际影响力，为在世界百年未有之大变局中赢得主动，实现中华民族伟大复兴贡献智慧和力量。

北京对外文化传播研究基地主任　曲茹

主要编撰者简介

　　王磊，女，中共党员，博士，现任北京第二外国语学院英语学院副院长、教授、研究生导师，兼任北京对外文化传播研究基地研究员、北京形象与对外传播研究中心主任。主要研究领域为美国外交话语研究、中国官方话语与传播研究。先后毕业于辽宁大学、南京大学—约翰斯·霍普金斯大学中美文化研究中心和外交学院，曾在北京外国语大学美国研究中心、美国蒙特雷高级翻译学院、美国阿巴拉契亚州立大学进修。获北京市属高校"人才强教"项目"中青年骨干教师"称号，受聘出任光明日报智库研究与发布中心思想理论网络文章评价系统评审专家委员会专家、央视市场研究股份有限公司 CGTN 融媒体传播研究专家。主持完成国家社科基金项目"美国战争话语研究"、北京市社科基金项目"中国梦话语体系建构研究"、中国外文局项目"特朗普对外话语策略及中国的应对措施"、北京市教委科研计划一般（面上）项目"国际校级合作基础上的网络协作课程在人才培养中的应用"。现主持国家社科基金项目"美国总统危机话语研究"、北京市社科基金项目"以冬奥会为契机建构与传播北京共生性国际形象话语"。出版专著《权力的修辞——美国外交话语解析》及《世界大国（地区）文化外交：英国卷》，主编《北京国际交往中心话语建设研究》，在学术期刊及《光明日报》等媒体发表文章 30 余篇，并多次接受中央广播电视总台中国国际电视台、北京电视台及中国教育电视台等媒体采访。

摘　要

2020 年的关键词是"新冠肺炎疫情",作为首个打响这场"战疫"的国家,中国成为全球新闻舆论的焦点,一方面,中国抗击疫情的成功经验得到国际舆论的诸多肯定与认可;另一方面,疫情导致全球政治、经济和社会危机的同时污名化中国的暗流涌动,中国对外传播的重要性日益凸显。

作为中国的首都,北京的对外文化传播备受关注。围绕"建设一个什么样的首都,怎样建设首都"讲好"北京故事",助力中国对外文化传播是北京对外文化传播的重点。冬奥会和国际交往中心建设是 2019—2020 年北京对外文化传播的核心议题。本报告分为冬奥会篇和国际交往篇两大部分,着力凸显《北京城市总体规划(2016 年—2035 年)》《北京推进国际交往中心功能建设专项规划》所涉及的北京市重点发展内容。

在冬奥会篇,本报告重点探讨了冬奥会契机下北京形象的建构及北京对外文化的传播,具体包括北京共生性国际形象话语体系的构建及北京共生性国际形象话语与"中国形象"的相互构建、围绕冬奥会讲述"北京故事"的路径、冬奥会契机下话语策略对国家形象的建构、冬奥会契机下北京特色文化的对外传播、"双奥之城"与北京城市形象变迁与发展等主题。此外,本年度报告也包含对平昌奥运会"北京 8 分钟"宣传片的具体剖析和对2020 年东京奥运会对外传播细节的对比分析。

在国际交往篇,本报告分析了"一带一路"背景下北京国际交往中心建设及对外传播能力提升、新时代的国际交往与北京角色等重要议题,旨在探讨在新的国际形势下北京对外文化传播的路径。本报告针对北京打造国际城市形象的具体路径也进行了深入探讨,结合社交媒体的发展、北京留学生的体验、北京科技创新中心的建设及北京旅游文化进行了分析。此外,本报告还借鉴了爱尔兰的经验为科技驱动下的国际交流与合作提供参考。

本报告的作者分别来自外交部、中央广播电视总台、中国社会科学院、北京对外文化传播研究基地等从事对外传播实践或发挥智库作用的单位，他们基于对外传播的实践和理论研究，对当下重要现实问题展开了观察和思考。

在百年未有之大变局下，北京对外文化传播应发挥对外传播压舱石的作用，充分认识国际形势和国际环境的深刻复杂变化，立足"冬奥会"和"国际交往"两项重点议题，做好对外文化传播工作。

目 录

冬 奥 会 篇

Reports on the 2022 Beijing Winter Olympic Games

冬奥会契机下北京共生性国际形象
话语体系构建

王靖潭*

摘 要： 奥运会历来被视为举办国家和城市展示或塑造其国际形象的重要平台。2022 年的冬奥会给新时代首都北京的发展注入了新活力，为这座"双奥之城"再次提供了向世界展示其国际形象的平台。本文选取 2019 年北京举办重大外事外交活动期间的政治话语文本作为研究对象，借助语料库和批评话语分析工具，分析体现北京共生性国际形象的话语文本特征，构建北京共生性国际形象话语体系的研究框架，提炼有利于构建北京共生性国际形象的核心话语表述，从而总结出北京共生性国际形象话语体系的构建策略，为北京共生性国际形象的建设和传播提供借鉴。

* 王靖潭，北京第二外国语学院英语学院讲师，博士，主要研究方向为话语分析。

关键词： 共生性话语　话语体系　北京共生性国际形象　冬奥会

作为政治、文化、外交及科研创新的中心城市，北京承担的核心功能随全球化发展更加明确，发挥的主场作用愈加凸显。党中央、国务院对北京城市总体规划方案的批复，再三强调了北京这一国际交往中心建设的重要性。这就要求北京高度重视自身品牌形象，加强对"国际交往中心"品牌的建设，提升北京这一世界级城市的全球知名度，为实现中华民族伟大复兴的"中国梦"，作出首都应有的贡献。一座城市形象的塑造与话语实践密不可分，话语实践的转变更是反映了社会实践的发展。自2008年奥运会至今，北京见证了中国社会突飞猛进的发展。2008年奥运会宣传口号为"北京欢迎您"，2022年冬奥会宣传口号为"2022，相约北京"。从"欢迎"到"相约"的转变体现了民族自尊心与自信心的转变，多年的快速发展也让北京的国际形象更加立体真切。

党的十九大报告中提出"推动构建人类命运共同体"的背后体现的是国际社会共生性构建的可能性。然而，当下国内关于"人类命运共同体"的讨论并未将这一理念很好地融入城市形象构建过程中。"人类命运共同体"话语如何体现在北京共生性的国际形象构建中更是值得研究。本文提出"北京共生性国际形象话语"这一概念，以此探讨北京国际形象构建的话语策略，进而为构建北京共生性国际形象话语体系提供建设性意见。本文可以增强民众对北京国际形象共生性话语体系的认同感，加深别国对中国及北京新变化的认知，有利于加强世界人民对"人类命运共同体"的正确理解。同时，有利于推动中国更好地融入世界，更好地推动北京国际形象的建设。

一　"共生性话语"的核心内涵

（一）"共生"的定义

"共生"（Symbiosis）一词源于生物学，最初由德国学者德贝里（Heinrich Anton de Bary）于 1879 年提出，指的是两个或两个以上共生单元之间在一定的共生环境中形成的相生相克、对立统一的关系。① 它被引入社会学领域后，演变成为研究社会共生现象而建立的一种社会哲学，其基本观点认为，全球体系是一个共生体系，以发展为本质，着力点是如何实现均衡、平衡、和谐的发展，目标是如何建立相互包容、相互克制、互利共赢、共同发展的共生关系。② 而从共生视角来看，所有国家皆存在于国际共生关系之中。③ 随着全球化的迅速发展，目前的国际社会已成为一个"你中有我，我中有你"的"地球村"，中国也开始"在共生中感悟自己如何存在，同时在共生中感悟他人如何存在，从而认真设计和精心选择与他人的共生之道"④。

（二）"共生性话语"的概念

本文以冬奥会为契机分析北京共生性国际形象话语的文本特征，并进一步构建北京共生性国际形象话语体系。"共生性话语"源于"人类命运共同体"话语体系的核心观念，从"天下共同""天下共生""共同利益"的角度出发，结合赵汀阳的"天下为公"⑤ 与金应忠的"国际社会共生性"⑥ 相关哲学理论与国际政治理论，加深对"共生性话语"内涵的理解。本文重点讨论冬奥会契机下北京应该构建哪些"共生性国际形象话语"，以此在"构建人类命运共同体"的新形势下为北京国际形象与话语体系的建构提供新的视角与策略建议。

二 北京共生性国际形象话语特征的批评话语分析

本文选取 2019 年北京举办重大外事外交活动期间的政治话语文本作为

① 胡守钧：《社会共生论》，复旦大学出版社，2012，第 3 页。
② 金应忠：《共生性国际体系与中国和平发展》，《国际观察》2012 年第 4 期。
③ 蔡亮：《共生视角下"中国责任"的目标、实践及保证》，《国际观察》2015 年第 5 期。
④ 胡守钧：《社会共生论》，复旦大学出版社，2012，第 3 页。
⑤ 赵汀阳：《以天下重新定义政治概念：问题、条件和方法》，《世界经济与政治》2015 年第 6 期。
⑥ 金应忠：《试论人类命运共同体意识：兼论国际社会共生性》，《国际观察》2014 年第 1 期。

研究对象，包括国家领导人的演讲、北京市政府发言人的讲话以及官方媒体发布的相关报道，借助语料库提炼有利于构建北京共生性国际形象的核心话语表述，将体现北京共生性国际形象的话语特征进行批评话语分析，构建北京共生性国际形象话语体系的研究框架，从而总结出北京共生性国际形象话语体系的构建策略，为北京共生性国际形象的建设和传播提供借鉴。

（一）基于语料库的批评话语分析研究框架

批评话语分析（Critical Discourse Analysis）自 20 世纪 70 年代出现后就已成为话语分析的重要方法之一，旨在揭示隐藏在话语背后的权力和意识形态，研究话语、权力与意识形态之间的关系。因此，"批评话语分析不是单纯对文本进行客观描述，而是通过这种描述揭示文本中隐含的、人们习以为常的意识形态意义"①。而对话语效果的理解不得不考虑话语出现的语境，"只有我们考虑到话语使用的具体情景，了解其背后的惯例和规则，认识到它们内嵌于特定的文化和意识形态中，话语才有意义"②。目前，基于语料库的批评话语分析研究范式开始引起国内学界的广泛关注。唐丽萍从批评话语分析与语料库语言学对话的基础、障碍及方法三个方面进行评析，厘清了语料库语言学方法在批评话语分析中的作为空间。③

我们采用费尔克劳④的"话语三维模式"，将话语视为由三个维度构成的统一体，即文本、话语实践和社会实践。同时，遵循他提出的批评话语分析的三个步骤：描写、阐释和解释。具体来讲，对话语的语言特征进行描述，对话语的生成过程以及作者通过话语与读者互动的过程作出阐释，将话语置于社会语境中，对话语与蕴含其中的意识形态作出解释。本文借助自建

---

① 田海龙：《语篇研究：范畴、视角、方法》，上海外语教育出版社，2009，第 65 页。
② N. Fairclough and R. Wodak, "Critical Discourse Analysis," in T. A. Van Dijk, ed., *Discourse as Social Interaction* (London：Sage，1997), pp. 258 – 284.
③ 唐丽萍：《语料库语言学在批评话语分析中的作为空间》，《外国语》（上海外国语大学学报）2011 年第 4 期。
④ N. Fairclough, *Discourse and Social Change* (Cambridge：Polity Press，1992), p. 7.

的包含 50 篇国家领导人演讲、官方发言人的讲话以及相关媒体报道等政治话语的小型语料库，基于话语三维分析模式，对语料中出现的主题词、共生性核心主题词及其索引行进行分析，继而从宏观层面分析话语所处的社会文化语境，对语料内容中涉及"北京共生性国际形象"的核心话语进行进一步话语分析，揭示意识形态在话语中的介入对构建北京共生性国际形象话语体系的影响。

（二）具体研究步骤

本文围绕 2019 年北京举办的三次重要外事活动，即第二届"一带一路"国际合作高峰论坛、亚洲文明对话大会和世界园艺博览会，选取 50 篇习近平主席演讲、官方发言人讲话和相关媒体报道的政治话语文本，自建小型政治话语语料库（CPD）。所有文本均采自北京各大知名媒体的官方网站。CPD 语料库的形符数（token）为 12635，类符数（type）是 2980。选用 LC-MC（兰开斯特汉语语料库）作为参照语料库。考虑到两个语料库的容量不同，分析中将原始频数转换成标准频数（每 1000 词次出现的次数）。本文使用的语料库分析软件是 AntConc3.2.2，利用它的主题词检索功能（Keyword List）生成正负主题词表。利用语境共现功能（Concordance）考察各主题词周围的共现词，识别其在文本中的语境信息，分析主题词的搭配特征，进而揭示话语资源对构建北京共生性国际形象话语体系的作用。语料中的"主题词"蕴含一定的政治理念，反映社会意识形态，因此，语料库中核心主题词有可能成为构建北京共生性国际形象的核心话语。

三 文本描写分析和意识形态及社会文化因素分析

（一）文本描写分析

1. 主题词分析

语料库的主题词研究在对政治话语的批评话语分析中具有重要意义，因为主题词能够提供文本的主旨信息，是进一步用定性方法解读的研究切入点。① 正负主题词是指观察语料中与参照语料相比频率超常的词汇。频率的差异由主题性（Keyness）显示。

对主题词表的观察发现，自建 CPD 语料库中主题性高于 30 的高频 CPD 主题词为"共存""共赢""共享""共同""共建""共生""共筑""和谐""合作""互补""互惠""互利""互鉴""双翼""双奥"。显然这些政治话语语料的动词多包含"共""和""合""互""双"等表述，我们将这些词视为共生性话语的主题词。共生性话语中的主题词蕴含一定的政治理念，反映出一定的社会发展动态。不难发现，这些主题词恰好契合当下习近平主席提出的"人类命运共同体"的理念，接下来我们将对这些主题词及其词群、搭配、索引行等信息进行分析，并结合社会背景和社会文化因素对共生性话语背后的意识形态进行进一步阐释。

2. 主题词的索引行分析

在自建小型语料库中，领导人的致辞并不是简单地罗列事实，而是运用大量积极的鉴赏资源来评价信息，以凸显对评价对象的观点和态度，也体现了对动作行为带来的积极影响充满期待。CPD 语料库中主题词表主要搭配评价性词汇，包括"重要""悠久""辉煌""丰富""灿烂""顺利""美好""优秀""独特"。例如：

（1）共建"一带一路"就是要建设一条开放发展之路，同时也必须是一条绿色发展之路。这是与会各方达成的重要共识。中国愿同各国一道，共同建设美丽地球家园，共同构建人类命运共同体。②

（2）我期待着同大家一起，登高望远，携手前行，共同开创共建"一带一路"的美好未来……共建"一带一路"倡议，目的是聚焦互联

---

① 钱毓芳：《语料库与批评话语分析》，《外语教学与研究》2010 年第 3 期。
② 《习近平：共谋绿色生活，共建美丽家园——在二〇一九年中国北京世界园艺博览会开幕式上的讲话》，2019 年 4 月 29 日，http：//cpc. people. com. cn/n1/2019/0429/c64094 - 31055863. html，最后访问时间：2020 年 10 月 26 日。

互通，深化务实合作，携手应对人类面临的各种风险挑战，实现互利共赢、共同发展。①

（二）共生性话语的意识形态和社会文化因素分析

1. 人与自然和谐共生

人与自然和谐共生中的"共生"这一主题词表明，人类的生产活动不仅使人与自然之间的关系发生了变化，而且也使人和自然各自发生了变化。这种关系与变化使人与自然构成了"生命共同体"，在这个"生命共同体"中，人类应该敬畏、尊重、顺应、保护自然，按照大自然规律调整人类的行为。正如习近平总书记在2019年北京世界园艺博览会开幕式上的讲话："地球是全人类赖以生存的唯一家园。我们要像保护自己的眼睛一样保护生态环境，像对待生命一样对待生态环境，同筑生态文明之基，同走绿色发展之路！"②

事实上，人与自然和谐共生蕴含中国古代思想家关于人与自然关系的丰富论述。中华文明传承五千多年，积淀了丰富的生态智慧。中国古代思想家的"天人合一"思想、道法自然思想、顺应和保护自然的思想，以及对"顺时""以时""不违时"的尊重，为当代中国开启了尊重自然、面向未来的智慧之门。在北京冬奥会契机下，北京市委、市政府秉承"山林场馆群，生态冬奥园"的设计理念，在延庆冬奥村和山地新闻中心的建设方面致力于使建筑、景观与自然相融合，中国山水文化与冬奥文化相结合。由此叮见，道法自然、天人合一的哲学思想已充分融入北京新发展理念。

2. 多元文化互鉴共生

文明因多样而交流，因交流而互鉴，因互鉴而发展。习近平主席在亚洲

---

① 习近平：《齐心开创共建"一带一路"美好未来——在第二届"一带一路"国际合作高峰论坛开幕式上的主旨演讲》，2019年4月27日，http://politics.people.com.cn/01/2019/0427/c1024-31053184.html，最后访问时间：2020年10月26日。

② 《习近平：共谋绿色生活，共建美丽家园——在二〇一九年中国北京世界园艺博览会开幕式上的讲话》，2019年4月29日，http://cpc.people.com.cn/n1/2019/0429/c64094-31055863.html，最后访问时间：2020年10月26日。

文明对话大会开幕式的演讲中强调："我们要加强世界上不同国家、不同民族、不同文化的交流互鉴，夯实共建亚洲命运共同体、人类命运共同体的人文基础。"① 在此基础上他提出文明交流互鉴的四点主张，要坚持相互尊重、平等相待，坚持美人之美、美美与共，坚持开放包容、互学互鉴，坚持与时俱进、创新发展。"北京是千年古都，见证了历史的沧桑变迁。北京也是一座现代新城，随着中国发展不断展现新的面貌。北京更是一座国际化大都市，东西方不同文明时时刻刻在这里相遇和交融。"② 由此可见，天下大同、和合共生的思想，塑造了中华儿女的世界眼光；尚和合、求大同的理念恰好是中国传统文化中"和而不同"思想的最好诠释。

3. 城市建设互利共生

城市规划建设的互利共生主要体现在主题词"双""协同"。北京的双枢纽格局对服务"一带一路"倡议、京津冀世界级城市群建设和北京"四个中心"城市战略定位目标都有重大意义，是中国建设民航强国的里程碑。放眼全球，机场直接影响所在城市的国际影响力和竞争力，双枢纽已成为国际大都市的"标配"。双枢纽航空格局也正在为北京的全球竞争力和影响力"添秤"，双机场同样为北京城市发展带来了强大动力。跨进新时代，京华起宏图。北京的双机场将以更加开放的姿态，联通京津冀世界级城市群，助力北京落实首都城市战略定位和河北雄安新区建设，服务京津冀协同发展。

在传统文化中，中国人讲究"好事成双"。首都北京进入高质量发展的新阶段，"好事成双"已不再只是美好祝愿，更饱含了城市治理的智慧——双翼齐飞、双飞机场、双奥之城，每一项成就都关乎北京的城市发展布局、产业转型升级、基础设施建设，彰显了北京新发展格局的广阔前景，北京正以更开放

① 习近平：《深化文明交流互鉴 共建亚洲命运共同体——在亚洲文明对话大会开幕式上的主旨演讲》，2019 年 5 月 15 日，https://www.ccps.gov.cn/xxsxk/zyls/201906/t20190604_132082.shtml。
② 习近平：《在"一带一路"国际合作高峰论坛欢迎宴会上的祝酒辞》，《习近平谈"一带一路"》，中央文献出版社，2018。

的视野眺望世界、眺望未来，同时也是北京共生性国际形象的完美体现。

四 构建北京共生性国际形象话语体系

本文以冬奥会为契机构建北京共生性国际形象话语体系，选取 2019 年北京举办的重大外事外交活动期间的政治话语文本作为研究对象，借助语料库提炼有利于构建北京共生性国际形象的核心话语表述，将体现北京共生性国际形象特征的话语进行批评话语分析。研究发现，北京共生性话语的构建主要基于核心主题词"共""同""双""互"的使用，从政治理念、经济发展、城市文化、环境保护等方面彰显了"人类命运共同体"的活力，也成功塑造了北京共生性国际形象。因而，我们认为，北京共生性国际形象话语体系不应仅包含语义表征一个层面，而应是一个能够体现国家宏观发展的核心价值观、意识形态与传统文化内涵三位一体的完整而全面的系统。以下是关于构建北京共生性国际形象话语体系的两点建议。

（一） 以"中国梦"为核心创新话语体系

北京共生性国际形象话语体系的构建应以实现"中国梦"为核心。2012年，习近平总书记提出"中国梦"，指出"中国梦"就是实现中华民族的伟大复兴。新时期的"中国梦"是凝聚共识的"最大公约数"，既是国家梦、民族梦、个人梦，也是世界梦。"中国梦"体现了世界各国利益的最大公约数，与"世界梦"融为一体、互相联通。在此基础上，才能深化理解"人类命运共同体"概念及其延伸含义，如在全世界树立"人类命运共同体意识"，"以文明交流超越文明隔阂，以文明互鉴超越文明冲突，以文明共存超越文明优越"[①]。从这个意义上说，"中国梦"既是和平发展之梦，也是合作

---

① 习近平：《弘扬"上海精神" 构建命运共同体——在上海合作组织成员国元首理事会第十八次会议上的讲话》，2018 年 6 月 10 日，http：//www. xinhuanet. com/world/2018 – 06/10/c_1122964013. htm。

共赢之梦。"人类命运共同体"的理念在一定程度上支撑着、滋养着北京共生性国际形象，并且为构建北京共生性国际形象话语体系提供了智力支持。同时，北京共生性国际形象话语体系也体现了当前中国社会和平发展、合作共赢的意识形态。因此，北京共生性国际形象话语体系应以"中国梦"为核心、以共建"人类命运共同体"为蓝图进行构建。

（二）阐释中华传统文化整合话语体系

当代中国国家形象寓于当代中国话语体系之中，而北京共生性国际形象寓于北京共生性话语体系之中。构建北京共生性国际形象话语体系必然影响新时期北京共生性国际形象的塑造。"习近平强调，实现'两个一百年'奋斗目标、实现中华民族伟大复兴的中国梦，需要充分发挥全党全国各族人民今天所具有的伟大智慧，也需要充分运用中华民族 5000 多年来积累的伟大智慧。"[①] 习近平总书记不仅身体力行地提倡弘扬中国优秀传统文化，而且从治国理政的高度来认识中国传统文化。中华优秀传统文化的重新阐释不仅有助于解决国内的现实问题，还有助于我们更有力、更有利地回应西方的话语挑战。中华民族历来是一个爱好和平的民族，爱好和平在儒家思想中也有很深的渊源，深深地嵌入了中华民族的精神世界，到今天依然是中国处理国际关系的基本理念。而这些中国传统文化思想必然会嵌入北京共生性国际形象话语体系中。

本文选取 2019 年北京举办重大外事外交活动期间的政治话语文本作为研究对象，分析体现北京共生性国际形象的话语文本特征，发现北京共生性话语体现在一系列核心话语表述中，其话语策略可提炼为几个关键字的创新使用，如"互""双""共"等。我们认为，北京共生性国际形象话语体系应以"中国梦"为核心，以共建"人类命运共同体"为蓝图进行构建，同时将对中华优秀传统文化的重新阐释嵌入其中。希望通过本文的分析可以增

---

① 《习近平：牢记历史经验历史教训历史警示　为国家治理能力现代化提供有益借鉴》，2014年 10 月 14 日，http://cpc. people. com. cn/n/2014/1014/c64094 - 25827156. html。

强国内民众对北京共生性国际形象话语体系的认同感，深化世界人民对"人类命运共同体"理念的正确理解，更好地推进北京共生性国际形象的建设和传播。

参考文献

田海龙：《话语与中国社会变迁：以政府工作报告为例》，《外语与外语教学》2011 年第 3 期。

冬奥会契机下北京共生性国际形象话语
与"中国形象"的相互构建

马振涛[*]

摘　要： 在 2022 年北京冬奥会契机下，北京共生性国际形象话语与
"中国形象"的构建之间存在互动关系。北京共生性国际形象
话语包括"人类命运共同体"的政治话语、"互惠互利新格
局"的经济话语、"文化自信"与"美美与共"的文化话语
以及"和平、发展、合作"的外交话语，共同塑造出一个爱
好和平、谋求世界大同、文化兼容并蓄的中国形象。在对外
传播中，北京需要提炼城市与国家形象元素，采取多元传播
模式，以体育赛事的主办与传播为抓手，树立正面国家形象。

关键词： 共生性国际形象话语　中国形象　冬奥会

冬奥会自 1924 年诞生至今已经举办过 23 届，无论是从参赛国数量、运
动员数量还是从比赛项目数量上来说都堪称当今世界规模最大的冰雪体育盛
会。不仅如此，冬奥会作为全球性的体育赛事，其意义早已超越了体育比赛
本身。它展现的是一个国家的软实力，为树立国家形象提供了绝佳的契机，
为传播国家形象提供了重要平台。随着全球化的发展，文化软实力已经成为
综合国力的重要组成部分。通过积极开展对外文化交流，中国可以充分展示
本国优秀灿烂的文化，推动中华文化走向世界，增进不同文化之间的了解和

---

* 马振涛，北京第二外国语学院英语学院副教授，硕士，主要研究方向为跨文化学。

沟通，并通过文化交流带动经济乃至政治层面的交流与合作，树立我国良好的国际形象。

奥运会是展示国家形象的重要平台。在之前举办的历届奥运会中，各举办国均充分利用奥运会的广泛性和开放性很好地展示了国家形象。在 2008 年的北京奥运会中，中国已经让来自世界各国的参会观众和媒体观众切实感受到中国发生的变化，直观地了解了中国的风土人情和历史文化，重新认识了中国。国家主席习近平在 2019 年 1 月会见国际奥林匹克委员会主席巴赫时指出："普及冰雪运动，增强人民体质与中国实现'两个一百年'奋斗目标也是契合的。"[①] 本次北京主办冬奥会，中国应该充分抓住这一重要契机，向世界展现中国博大精深的文化、新时代建设中国特色社会主义的伟大成果和正面积极的国际形象，通过共生性国际话语的表达与传播，消除国际社会在西方媒体长期以来带有偏见的宣传下对中国产生的各种误解。

一　北京共生性国际形象话语

"共生性"一词来自 1879 年德国生物学家德贝里（Heinrich Anton de Bary）所提出的生物学上的"共生（Symbiosis）"概念。后来，共生理论逐步扩展到政治学、经济学、社会学、生态学、人类学等诸多研究领域，成为涉及人与自然、人与人之间关系的重要概念。在当今国际社会，和平与发展已成为时代的主题，随着中国改革开放的深入进行，共生性话语已经成为展现中国形象的重要途径。

（一）政治话语：人类命运共同体

2013 年，习近平主席在访问莫斯科国际关系学院时所做的演讲中首次提出了建设"你中有我、我中有你的命运共同体"的倡议。此后，"人类命运

---

① 《推动全民健身　习近平身体力行》，人民网，2019 年 8 月 6 日，http://cpc.people.com.cn/n1/2019/0806/c64094 - 31277338. html。

共同体"理念经过不断发展和完善，先后被写入《中国共产党章程》和《中华人民共和国宪法修正案》，既成为习近平新时代中国特色社会主义思想的重要组成部分，也成为新时代典型的中国共生性国际形象话语。构建人类命运共同体的核心是"建设持久和平、普遍安全、共同繁荣、开放包容、清洁美丽的世界"，包括政治、安全、经济、文化、生态等多方面的内涵。除此之外，"人类命运共同体"理念背后也体现了很多中国传统文化的精髓和思想。在对外传播与对外话语体系建设过程中，应该将这些内涵阐释清楚，讲述好这些"中国故事"，从而使"人类命运共同体"能够被世界各国充分理解。

在当前复杂多变的世界格局中，和平与发展是全球的主题，国际化是当代的大趋势，但是与此同时，区域战争、贸易壁垒、恐怖主义、宗教冲突等一系列全球性的问题也阻碍了人类文明发展进步的进程。在这种大环境下，中国提出的"人类命运共同体"这一全球治理新理念得到国际社会越来越广泛的认同，不同国家和地区的人们越来越意识到构建一个"你中有我、我中有你的命运共同体"的重要性和必要性。正如习近平主席所指的那样，世界需要打破隔阂，"要以文明交流超越文明隔阂、文明互鉴超越文明冲突、文明共存超越文明优越"①。

在冬奥会临近之际，2020年在全球蔓延的新冠肺炎疫情使世界各国人民的命运又一次连在了一起，这场疫情防控和阻击战成为推动构建人类命运共同体的一次生动的实践。面对疫情，各国人民没有其他选择，唯有加强国际合作，淡化国别意识，共同战胜疫情。在这场阻击战中，中国政府和人民为抗击疫情作出了巨大努力和牺牲，为构建人类命运共同体作出了巨大贡献，赢得了国际社会的高度评价。北京作为中国重要的大门和世界之窗，在这场疫情阻击战中发挥了重要作用。对内本着"一视同仁、中外一致"的原则，北京把在京外籍人士纳入了社区健康管理，体现了对国际人士的关爱和责任担当；对外加强国际合作与互助，向首尔、德黑兰、东京、横滨等国际友好

---

① 习近平：《论坚持推动构建人类命运共同体》，中央文献出版社，2018，第438页。

城市捐赠防疫物资，提供信息与技术支持，成为中国地方政府对外提供抗疫援助、践行人类命运共同体理念的一个缩影。在冬奥会举行之际，这些理念和实践构建并诠释着北京共生性国际形象话语中的政治话语。

人类命运共同体的话语强调同舟共济、共赢共享，摆脱了狭隘的区域意识和自我意识，在一定程度上超越了国家和地域的限制。同时，由于话语体系是价值体系的外化，人类命运共同体的话语和理念是新时代中国社会价值体系的重要组成部分，是对当代国际话语理论的补充、创新和超越，因而坚持人类命运共同体理念对构建中国对外话语体系也具有重要的指导意义。如今中国对外话语体系国内环境、国际社会和国际话语格局不断变化，中国对外话语体系的构建与传播需要以人类命运共同体理念为坐标，以人类命运共同体的超越精神为指导，解决新时期出现的各种话语方面的问题，最终促进国际话语格局向良好局势发展。

（二）经济话语：互惠互利新格局

共生性是一种全新的观念，它是把人类作为一个整体来看待而提出的要求，是"从人的互惠互利、相互依存的主张转向人的共生共在的要求，将是人类在全球化、后工业化进程中实现的人类进化史上的一次伟大的飞跃"①。在共生观念中，互惠互利首先是一个经济交往原则，然后才以社会效用的形式出现的。只有在经济交往中按照互惠互利的原则去开展行动，才能实现互惠互利的社会目的。

在北京当前的共生性国际形象话语中，"一带一路"倡议所反映的就是秉承互惠互利原则、开创合作共赢国际新局面的重要话语和理念。"一带一路"倡议通过全方位、多层次的国际合作，谋求共建国家的沟通磋商，增加贸易往来，实现互惠共赢的目标。北京即将举办的第24届冬奥会将给"一带一路"倡议带来新的合作契机。未来加入"一带一路"倡议中的国家和地区会越来越多，在实现自身利益的同时，也为国际社会带来经济发展的良

---

① 张康之：《论人的互惠互利、相互依存与共生共在》，《天津社会科学》，2019 年第 4 期。

机，促进国与国之间的互惠和共赢局面的形成。

北京市为更好地统筹协调推进"一带一路"建设相关工作，积极参与"一带一路"建设，在 2018 年，即已出台《北京市推进共建"一带一路"三年行动计划（2018—2020 年)》，成为北京推动共建"一带一路"的重要抓手。根据北京新版城市总体规划，北京建设全国政治中心、文化中心、国际交往中心、科技创新中心的城市战略定位进一步明确。近年来，北京市坚持以高质量发展为核心推动首都新发展。2018 年，北京市地区生产总值超过 3 万亿元人民币，比 2017 年增长了 6.6%。[①] 同时，北京正在加快建设具有全球影响力的科技创新中心，为"一带一路"建设提升科技含量奠定坚实基础。同时，北京持续打造高标准的国际一流营商环境，已率先开启并深化城市国际化进程。"一带一路"建设带来的不仅是物质层面的改变，还促进了不同文化间的交流与沟通。近年来，北京市在文化、旅游、教育、体育、卫生等领域均开展了广泛的人文交流，在不同文化的人民之间架起了一座民心相通的桥梁。

2018 年 11 月，习近平主席在首届中国国际进口博览会开幕式上的主旨演讲中指出："回顾历史，开放合作是增强国际经贸活力的重要动力。立足当今，开放合作是推动世界经济稳定复苏的现实要求。放眼未来，开放合作是促进人类社会不断进步的时代要求。"[②] 近年来在很多国际场合他也多次明确表示，中国将会持续进行对外开放。根据"一带一路"倡议的规划蓝图，借助北京举行冬奥会的契机，中国尤其是主办城市北京要抓住机遇，将冬奥会相关的产业作为新的经济增长点，并以此为抓手带动其他社会经济领域的发展。更为重要的是，要利用北京举办冬奥会的契机，通过各种形式向世界传播我国"一带一路"倡议的经济顶层设计，提高各国人民对"一带一路"倡议的认同感，推动世界上各个国家之间的互惠与共赢，这既可以满足我国

---

① 赵晨蕊：《北京地区 GDP 总量超 3 万亿元　增长 6.6%》，《北京日报》2019 年 1 月 24 日，第 1 版。

② 习近平：《共建创新包容的开放型世界经济》，《人民日报》2018 年 11 月 6 日，第 3 版。

经济社会发展的需要，同时也符合整个国际社会的利益期望。

（三）文化话语："文化自信"与"美美与共"

中国举办第 24 届冬季奥林匹克运动会，不仅有利于传播我国传统文化，更有利于展示新时代背景下我国文化传播手段与思维方式的创新，对传播我国的国家形象具有重要意义。中华文化源远流长，正如北京精神"爱国、创新、包容、厚德"所概括的那样具有极大的包容性和创新性。"文化自信"与"美美与共"是当今中国文化话语所展示的重要核心内容。当今世界是一个多元文化的世界，而"文化自信，是更基础、更广泛、更深厚的自信，是更基本、更深沉、更持久的力量。坚定文化自信，是事关国运兴衰、事关文化安全、事关民族精神独立性的大问题"[①]。我们只有在多元文化的环境中对自己的文化充满自信，才能发现和认识自己文化的优势和长处，才能在多元文化的环境中学习和借鉴外来文化的时候坚持自己的文化定位，坚定不移地走自身的发展道路。历史经验和现实成果已经表明，中国近年来在社会主义现代化建设中所取得的成绩，包括文化建设方面的成就，已经被全世界包括西方国家所广泛认可。中国人民应当对我们自己的优秀文化传统和现代化建设远景充满信心。

近年来，北京市坚持文化发展服从经济发展的要求，继续深入实施文化开放战略，紧紧围绕"五位一体"总体布局和"四个全面"战略布局，着眼于北京首都城市战略定位，立足于中华民族优秀文化的深厚积淀，深化文化体制改革，紧抓"一带一路"文化交流合作契机，促使文化建设工作不断取得新进展。依托于首都城市的先天优势，北京市对外文化交流持续发展进步，在全国发挥良好的引领和示范作用。通过一系列的文化演出、交流学习向世界讲述中国故事，描绘北京蓝图，传播中华文明。同时，通过文化贸易这个文化"走出去"的重要载体，将越来越多的中华文化产品和服务推向世界。2019 年 5 月在北京举行的亚洲文明对话大会上，习近平主席强调，文明

---

① 习近平：《习近平谈治国理政》第二卷，外文出版社，2017，第 349 页。

因多样而交流，因交流而互鉴，因互鉴而发展。坚持"美人之美、美美与共"，是习近平主席向国际社会提出的重要主张，这一主张揭示了人类文明发展的历史逻辑、时代方向和全球价值。在和平与发展主导下的国际社会，一方如果没有"美人之美"的胸怀，将会因为视界的狭隘而看不到其他文化的长处和优势，最终导致互相封闭、对抗乃至冲突，也就不会有"美美与共"的精彩文化的呈现与互通。因此，文化交流的深度取决于文化交流的态度，唯有坚定自信、胸怀天下才能互相理解、互鉴共进。文化自信与文化自觉既是"美人之美、美美与共"的前提，也是文化自强的基础，唯有坚持文化自信和文化自觉才能放眼世界，跨越障碍和陷阱，共同创造大同世界的美好未来。文明交流互鉴的目的是与时俱进、创新发展。可以说，人类命运共同体，首先也是人类文明共同体。目前随着中国改革开放的深入，中国正在进一步加深对世界的了解，世界也迫切需要更加全面地认识中国。中国倡导并坚持"各美其美、美美与共"，就是坚持了科学正确的文化态度，就是坚守了宽广深厚的文化情怀。

（四）外交话语："和平、发展、合作"

我国始终奉行独立自主的和平外交政策，包括一贯坚持和平共处五项原则，以及在和平共处五项原则的基础上发展演变而来的其他政策措施处理办法。自从 2014 年 11 月习近平总书记在中央外事工作会议上提出"中国必须有自己特色的大国外交"以来，我国政府积极宣传并践行中国特色大国外交这一全新的外交理念，从 2014 年北京 APEC 峰会、2016 年 G20 峰会、第二届"一带一路"国际合作高峰论坛、2018 年中非合作论坛北京峰会到 2019 年亚洲文明对话大会，中国正以自身实践向世界诠释中国特色大国外交理念，为世界各国的发展提供中国答案。这其中，中国特色大国外交的话语构建、翻译与传播具有重要的作用。"和平、发展、合作"成为中国外交话语的重要主题，彰显了新时代中国特色大国外交，即坚持中国特色的义利观，义利兼顾，讲信义、重情义、扬正义、树道义；主张多边主义，强调合作共赢，推动建立相互尊重、公平正义和合作共赢的新型国际关系；推动"一带一路"框架下的国际合作；积极参与全球治理与治理体系改革，倡导构建人类命运共同体。这些中国外交话语在国际社会产生了极为广泛的影响，为处于"十字路口"的全球化和世界政治经济发展指明了发展方向，也带来了新的希望。

除了传统的官方外交之外，北京冬奥会的举行也给中国的公共外交提供了重要的平台。公共外交是政府借助传媒和情报等多重手段，运用信息与文化交流等形态来影响外国民众对本国观点界定的一种外交形式。在全球化趋势越来越明显的今天，社会大众在国际交往中所发挥的作用日益突出，公共外交的价值日益为世界所接纳和重视。同传统的官方外交和民间外交相比，公共外交具有开放性、广泛性和互动性等特点。北京可以利用举办冬奥会的契机，通过国际巡演、文化交流、体育赛事、学者互派、学术交流等多种方式的公共外交活动，充分展现具有新时代中国特色、民族特性和时代特征的中国文化，向世界展示我国的政策、理念、价值观、准则和责任担当，通过"和平、发展、合作"的外交话语，全面树立良好的国家形象。

二 共生性话语所构建的新时代中国国际形象

（一）爱好和平的大国形象

随着改革开放的深入和社会主义经济建设的全面推进，中国目前已经成为世界第二经济大国，综合国力不断提升，取得了举世瞩目的成绩。中国自古以来就是一个爱好和平的国家，一直都在谋求世界的共同发展，从没想过要侵略他国、争霸世界。中国历史上的"一带一路"不仅将丝绸、茶叶、瓷器、文化思想等带给世界人民共享，从某种意义上说，"一带一路"更是将亚洲、欧洲和非洲的古代文明联结在了一起，有力地促进了东西方文明的交流。无论是在历史上还是在现在，中国带给别的国家更多的是帮助而不是侵略，中国自古以来就是一个爱好和平、谋求人类共同发展的友好大国。随着中国改革开放的深入进行，中国与其他各国在各个领域的交流也不断深入，中国凭借自己的实际行动向世界展现了维护世界和平的决心，用改革开放的辉煌成绩使国际社会对中国在各个领域所取得的成绩发出由衷赞赏，用真诚和好客使国际社会被中国人民的友好情怀所折服。

北京自从申办冬奥会成功之后，先后多次颁布条例来鼓励、发展冰雪运动。国家主席习近平从一开始就对举办冬奥会很重视，亲自接见国际奥委会主席，在申奥成功后第一时间表示祝贺，并在平昌冬奥会闭幕式"北京8分钟"的展示中向世界发出了2022年相约北京的盛情邀请。近几年来，北京冬奥组委通过举办世界范围内的各种文化交流活动，积极展现了我国自强不息、渴望进步、爱好和平的精神追求，树立了一个自信友好、爱好和平的国际形象。

（二）谋求世界大同的历史责任担当者形象

借承办冬奥会的契机，我国政府积极推动"一带一路"倡议，促进"一带一路"共建国家的经济、政治、文化、贸易等各个方面的交流，谋求国家间的互利共惠，在构建人类命运共同体的努力中，树立了谋求世界大同和共同繁荣的历史责任担当者形象。"一带一路"倡议自提出以来，就得到了世界范围的广泛好评。截至2020年1月底，已经有138个国家和31个国际组织与中国签订了共建"一带一路"合作文件。① 在交通运输方面，作为国际物流陆路运输骨干，来往于中国与欧洲及"一带一路"共建各国和地区的中欧班列开行数量持续增加，从"比开行数量"升级为"比开行质量"，并且已成为丝绸之路经济带发展战略的重要组成部分，极大地促进了我国与欧洲及"一带一路"共建国家和地区的经贸合作、交流与发展。2018年9月的北京人权论坛介绍了中国以及其他国家和地区的减贫经验，讨论了减贫的困难和挑战，并就如何通过国际合作实现互利共赢，构建没有贫困的人类命运共同体提出了建议。在消除贫困、保护人权方面，中国对世界作出了巨

---

① 《已同中国签订共建"一带一路"合作文件的国家一览》，中国一带一路网，https://www.yidaiyilu.gov.cn/gbjg/gbgk/77073.htm。

大的贡献，正是中国通过全方位、立体式的措施控制、减少、治理污染和保护生态环境，坚持"绿色发展"，才为人类的生存权和发展权提供了可持续性保障。① 在经济方面，不仅使得共建"一带一路"国家收益创新高，更是缓解了世界经济的压力，为世界经济增长贡献了力量。这一切，都反映了中国承担大国国际责任的决心与担当。

（三）兼容并蓄的文化传承与现代文明形象

在世界古代的四大文明之中，中华文明是唯一历经沧桑而经久不衰的文明，它之所以具有强大的生命力，其原因在于我国文化具有传承性、包容性、独特性、民族性等。文化作为一种精神力量具有社会作用，能够在人们认识世界和改造世界的过程中转化为物质力量；先进的、积极的、健康的文化对社会发展起重要的促进作用。教育部于 2014 年发布了《完善中华优秀传统文化教育指导纲要》，其中明确提出："中华优秀传统文化是中华民族语言习惯、文化传统、思想观念、情感认同的集中体现，凝聚着中华民族普遍认同和广泛接受的道德规范、思想品格和价值取向，具有极为丰富的思想内涵。"② 文化作为国家"软实力"的重要标志，已经成为各国重点发展的对象。

"文化自信是一个民族、一个国家以及一个政党对自身文化价值的充分肯定和积极践行，并对其文化的生命力持有的坚定信心。"③ 北京冬奥会的举办，对传播我国文化形象是一个千载难逢的绝佳机会。平昌冬奥会闭幕式上的"北京 8 分钟"文艺表演，给世界展示了一个不一样的中国文化形象，用高科技智能机器人来凸显我国的变迁以及冬奥冰雪这一主题，既突出了我国

---

① 张爱宁：《绿色发展：生存权和发展权实现的中国经验》，"2018·北京人权论坛"会议论文，北京，2018 年 9 月。
② 教育部思想政治工作司组编《加强和改进大学生思想政治教育重要文献选编（1978—2014）》，知识产权出版社，2015，第 670 页。
③ 《文化自信——习近平提出的时代课题》，新华网，2016 年 8 月 5 日，http：//www.xinhuanet.com/politics/2016 - 08/05/c_1119330939.htm。

传统的文化元素，又通过现代科技给观众带来了一场融汇科技与文化的视听盛宴。相信 2022 年的北京冬奥会，我们一定会抓住这一机遇，塑造中国优秀传统文化与现代文明共存的国家形象，实施卓有成效的跨文化传播战略，让世界了解中国，维护国家的发展和安全，增强中国的综合国力和竞争力，最终实现中华民族的伟大复兴。

三 北京共生性国际形象话语的对外传播

要构建爱好和平、有责任担当、兼容并蓄的国际形象，北京需要充分提炼共生性国际形象的核心元素，重视传统媒体与新媒体的多重传播模式，总结国际大型体育赛事报道与传播的特点，积极发挥主场传播优势，向世界展现北京，让世界了解中国。

首先，要提炼出能体现共生性话语内涵、展现北京优秀传统文化和现代文明形象、承载社会主义核心价值观的元素，将这些元素有机地融入"讲好中国故事"、新闻报道、传播发布、展览展示等各种形式中，以润物无声的方式，展现北京和中国社会主义建设的伟大实践和丰硕成果，打造北京城市形象国际传播经典品牌。

其次，要重视传播模式的选择，采取传统媒体与新媒体的多重传播模式，多渠道拓展我国国家形象的传播路径。电视、广播和报纸等传统媒体因为影响力大、覆盖面广，目前仍然是国家形象推广过程中最主要的传播途径。同时，由于新媒体具有方便快捷、互动性强的特点，我们需要充分发挥其在跨文化传播中的作用，融合利用全球、全网、国内外社交媒体帮助传播国家形象，推出视频优先、移动优先的国际传播媒体产品，持续传播塑造北京国际形象。

最后，要重视国际大型体育赛事报道与传播的特点和规律。像冬奥会这类大型国际赛事既能够引起公众关注，提升城市的公众意识；也能够展示城市和民族的面貌，塑造城市、民族和国家的形象。在大型赛事的报道与传播中要充分考虑赛事因素、媒体因素、传播过程因素、受众因素、效果因素等在国家形象建构中的作用，提高对外传播的效果。

四　结语

话语与形象之间始终存在一种互动关系，个人如此，国家也是如此。一个国家的国家形象与其国际地位和国际话语权有紧密联系。北京的共生性国际形象话语涵盖了政治、经济、外交、文化等各个领域，在国际上为中国塑造了一种爱和平、负责任、有担当的形象。同时，这种积极正面的形象也为北京取得了更多的国际话语权，从而形成了一种良性的互动。北京冬奥会的举办，将会很好地促进这一良性互动。毫无疑问，2020 年北京冬奥会将会成为中国加强国际交流和传播国际形象的一个重要里程碑。

参考文献

胡开宝：《中国特色大国外交话语的构建研究：内涵与意义》，《山东外语教学》2019 年第 4 期。

徐和建：《国际传播建构北京城市形象的思考》，《对外传播》2020 年第 2 期。

袁书营、张颖：《从"东京 8 分钟"审视 2022 冬奥会的文化传播》，《北京体育大学学报》2018 年第 3 期。

冬奥会与"北京故事"的讲述

万木春[*]

摘　要： 北京作为首都，是全国的政治中心、文化中心、国际交往中心、科技创新中心。作为世界规模最大的冬季综合性运动会，北京 2022 年冬奥会将再次使世人的目光聚焦到北京。但在冬奥会的筹办过程中，北京的上述城市形象仍然缺乏有效的传播与宣传。在未来的筹备工作中，我们应当充分利用冬奥会的契机，立足北京定位，讲好"北京故事"，向全国和全世界人民展现北京作为全国政治中心、文化中心、国际交往中心和科技创新中心的城市形象。

关键词： 北京 2022 年冬奥会　"北京故事"　国际交往　科技创新

一　什么是"北京故事"？

故事，是指通过叙述的方式讲一个带有寓意的事件。"北京故事"，顾名思义，就是叙述与北京相关的有寓意的事件。"北京故事"给阅读者传递的信息，应当是北京这座城市在城市建设和发展中逐渐形成的独特的城市形象。习近平总书记在 2014 年 2 月视察北京工作时曾指出："建设和管理好首都，是国家治理体系和治理能力现代化的重要内容。……建设好首都，推动

---

* 万木春，北京第二外国语学院英语学院讲师，博士，主要研究方向为商务话语分析、企业社会责任。

北京持续健康发展，需要付出长期艰苦的努力。……把各方面优势发挥出来，把各种问题治理好，要处理好国家战略要求和自身发展的关系，在服务国家大局中提高发展水平。"① 因此，"北京故事"应当是全世界了解中国的最重要的载体之一，"北京故事"的讲述也应当从北京这个城市出发，向全国各族人民、全世界人民展现伟大社会主义祖国的首都形象，进而展现中华民族伟大复兴的"中国梦"。

二　北京应该讲好哪些故事？

党中央、国务院批复的《北京城市总体规划（2016 年—2035 年）》对北京市给出了明确的战略定位："北京城市战略定位是全国政治中心、文化中心、国际交往中心、科技创新中心。"② 因此，"北京故事"的讲述应该牢牢扣紧北京建设全国政治中心、文化中心、国际交往中心、科技创新中心的主题。

（一）如何在政治中心建设中讲好"北京故事"

《北京城市总体规划（2016 年—2035 年）》指出："政治中心建设要为中央党政军领导机关提供优质服务，全力维护首都政治安全，保障国家政务活动安全、高效、有序运行。严格规划高度管控，治理安全隐患，以更大范围的空间布局支撑国家政务活动。"③

政治中心建设是北京市建设的首要任务，是四个中心建设的重中之重。

---

① 《习近平在北京考察　就建设首善之区提五点要求》，新华网，2014 年 2 月 26 日，http://www. xinhuanet. com/politics/2014 –02/26/c_119519301. htm，最后访问时间：2020 年 3 月 16 日。

② 北京市规划和国土资源管理委员会：《北京城市总体规划（2016 年—2035 年）》，2017 年 9 月 29 日，http://www. beijing. gov. cn/gongkai/guihua/wngh/cqgh/201907/t20190701_100008. html，最后访问时间：2020 年 3 月 16 日。

③ 北京市规划和国土资源管理委员会：《北京城市总体规划（2016 年—2035 年）》，2017 年 9 月 29 日，http://www. beijing. gov. cn/gongkai/guihua/wngh/cqgh/201907/t20190701_100008. html，最后访问时间：2020 年 3 月 16 日。

北京自古以来就是中国的政治中心，北京的各项政治活动和政策举措在全国范围内具有明显的"头雁"效应，可谓"牵一发而动全身"。在北京政治中心建设中讲述"北京故事"应当围绕以下几点开展：一是维护政治安全。首先，要维护中国共产党作为执政党的地位，确保一切政治活动都是在党的领导之下开展。其次，要做到保障政治制度的有序运行，在各项政治活动中严格落实人民代表大会制度、中国共产党领导的多党合作与政治协商制度、民族区域自治制度和基层群众自治制度等基本政治制度，保障人民群众参与国家建设的各项政治权利。二是做好政治服务。保障中央党政军领导机关的正常、高效运转，重点做好西城区和东城区的城市建设规划和功能疏解，为中央政治机关做好政务服务和安全保障。三是维护社会稳定。一方面，注重多措并举化解各种社会矛盾，努力保障公共安全。另一方面，高举红色旗帜，关注互联网平台的意识形态动向，做好以北京高校大学生为代表的青年人的思想政治工作，预防各类社会动荡事件的发生。

（二）如何在文化中心建设中讲好"北京故事"

《北京城市总体规划（2016年—2035年）》指出："文化中心建设要充分利用北京文脉底蕴深厚和文化资源集聚的优势，发挥首都凝聚荟萃、辐射带动、创新引领、传播交流和服务保障功能，把北京建设成为社会主义物质文明与精神文明协调发展，传统文化与现代文明交相辉映，历史文脉与时尚创意相得益彰，具有高度包容性和亲和力，充满人文关怀、人文风采和文化魅力的中国特色社会主义先进文化之都。"[1]

北京是著名的世界历史文化名城，作为一座有三千多年历史的古都，北京拥有丰富的历史文化资源。新中国成立之后，北京成了社会主义文化发展的先锋，是极富包容性的多元文化中心。在北京文化中心建设中讲述"北京

---

[1] 北京市规划和国土资源管理委员会：《北京城市总体规划（2016年—2035年）》，2017年9月29日，http://www.beijing.gov.cn/gongkai/guihua/wngh/cqgh/201907/t20190701_100008.html，最后访问时间：2020年3月16日。

故事"应当围绕以下几点开展：一是做好历史文化的保护工作。认真贯彻落实习近平总书记"老城不能再拆了"的指示，推进北京中轴线申遗工作，做好故宫、南锣鼓巷、前门等历史文化街区的保护和更新工作，传承好中华民族祖先的宝贵遗产，真正把历史文化打造成北京的金字名片。二是重点推动新时代中国特色社会主义文化的发展。发展新时代中国特色社会主义文化，既要注重鼓励发展当代优秀原创文化，又要注重结合时代特色推动优秀传统文化的创造性转化。三是提高新时代文化艺术的人文亲和力。真正优秀的文化艺术不应当是高高在上、可望而不可即的，而应当是人民群众喜闻乐见、感同身受的。这就要求政府一方面要规划建设更多的实体书店、公共图书馆等文化公共设施，在音乐、电影、美术、舞蹈、戏曲、话剧等文化领域着力打造人民群众可以广泛参与的文化活动；另一方面应当鼓励引导文艺工作者、文化产业经营者更多地从人民群众日益增长的文化需求出发，以人民群众为中心去创作文化产品和经营文化产业。

（三）如何在国家交往中心建设中讲好"北京故事"

《北京城市总体规划（2016 年—2035 年）》指出："国际交往中心建设要着眼承担重大外交外事活动的重要舞台，服务国家开放大局，持续优化为国际交往服务的软硬件环境，不断拓展对外开放的广度和深度，积极培育国际合作竞争新优势，发挥向世界展示我国改革开放和现代化建设成就的首要窗口作用，努力打造国际交往活跃、国际化服务完善、国际影响力凸显的重大国际活动聚集之都。"[①]

北京作为中国国际化程度最高的城市之一，一直是中国对外交往的窗口。在共建"一带一路"的背景下，凭借其全国政治、文化、科技创新中心的优势地位，北京应当进一步深化城市国际化进程，借此带动京津冀城市群

---

① 北京市规划和国土资源管理委员会：《北京城市总体规划（2016 年—2035 年）》，2017 年 9 月 29 日，http://www.beijing.gov.cn/gongkai/guihua/wngh/cqgh/201907/t20190701_100008.html，最后访问时间：2020 年 3 月 16 日。

的发展，为中国的大国外交提供更好的支持。北京国际交往中心建设讲述
"北京故事"应当围绕以下几点开展：一是积极推进各个领域的国际交流。
利用中国在世界上的外交大国地位，积极承办各类国际会议，向世界展现中
国的政治影响力。利用北京高等院校、科研院所、高科技企业数量众多的优
势，积极开展各类科技、学术交流活动。利用北京文化资源丰富和文化消费
群体基数大的优势，积极开展各类国际文化、娱乐交流活动，充分推动民间
文化交流，向世界展现古老与现代相结合的东方文明的魅力。二是提高北京
城市经济的国际化程度。一方面，加大对外资机构的开放力度，为各种大型
国际化企业、国际金融机构、国际中介服务机构在北京设立分支机构提供更
为宽松的政策环境；另一方面，提高国际化服务水平，为市民提供多种多样
的跨国金融、贸易、投资、税务、咨询方面的服务。三是加快建设各项基础
硬件设施。为各类国际交往活动规划相对集中的核心区域，建设有充足运力
保障的机场、火车站、高速公路等交通枢纽设施，在城市中注重双语甚至多
语标识的设置，增加可提供涉外服务的酒店和人才数量。

（四）如何在科技创新中心建设中讲好"北京故事"

《北京城市总体规划（2016年—2035年）》指出："科技创新中心建设
要充分发挥丰富的科技资源优势，不断提高自主创新能力，在基础研究和战
略高技术领域抢占全球科技制高点，加快建设具有全球影响力的全国科技创
新中心，努力打造世界高端企业总部聚集之都、世界高端人才聚集之都。"[①]

北京拥有全国首屈一指的科技资源，科技型企业超过 50 万家，高校有
92 所，科研院所超过 1000 家，科技创新人才储备充足，科技创新成果领跑
全国。在北京科技创新中心建设中讲述"北京故事"应当围绕以下几点开
展：一是做好科技创新园区的建设工作。按照市政府规划，全力做好"三城

---

① 北京市规划和国土资源管理委员会：《北京城市总体规划（2016年—2035年）》，2017年9
月29日，http://www.beijing.gov.cn/gongkai/guihua/wngh/cqgh/201907/t20190701_100008.html，
最后访问时间：2020年3月16日。

一区",即中关村科学城、怀柔科学城、未来科学城和北京经济技术开发区的建设工作,充分发挥"三城一区"的科技资源集聚的优势,打造科技研发到成果转化落地的产业链。积极引进优秀企业入驻园区,为总部不在北京的大型科技企业提供政策优惠,鼓励其在京设立"双总部"。二是做好对社会资本参与科技创新的积极引导。政府只是科技创新的引导者,并不是科技创新的主体。政府制定科技发展政策,不能对科研工作进行不当的行政干预,归根结底还是要落脚于吸引社会资本的进入,通过市场的手段来推动科研成果的产生和转化,强化科技企业作为科技创新主体的地位。三是做好对创新人才的保障工作。人才是创新的根本,是推动创新的关键因素。政府应当进一步加大对科研创新人才在落户、住房、子女教育方面的政策支持力度,为科研创新人才做好后勤保障,同时引导科研机构和企业建立合理的科研人员薪酬体系,以正向激励激发科研创新人才的主观能动性。

三 如何利用冬奥会讲好"北京故事"?

第24届冬奥会将于2022年2月4日至2022年2月20日在北京和张家口举行。作为世界规模最大的冬季综合性运动会,冬奥会将再次使世人的目光聚焦到北京。我们应当充分利用冬奥会的契机,向世界讲好"北京故事",展现北京作为全国政治中心、文化中心、国际交往中心和科技创新中心的城市形象。

1. 展现政治中心形象

一是加强党的领导。确保冬奥会筹备和举办的全过程都在党的领导之下开展,认真贯彻党中央、国务院关于冬奥会工作的决定与指示。二是体现政治重视。党和国家领导人在冬奥会举办期间,除出席开幕式与闭幕式等关键活动外,还应适当地出席观看部分项目竞赛,以体现对冬奥会的政治重视。三是做好冬奥会的各项信息公开和服务工作。确保国内外民众对冬奥会筹备和开展过程中各项信息的知情权,树立"服务赛事、服务民众"的工作理念,通过官方网站、微信公众号、新闻发布会等多种渠道及时发布赛事有关信息，提升政府工作的透明度，呈现一个高效、透明、廉洁的中国政府形象，提升国内外民众对中国政府的评价和认同感。

2. 展现文化中心形象

一是推广文化旅游。官方设计北京精品文化旅游路线，通过官方网站、微信、体育场馆现场展示等手段向前来观看冬奥会的国内外观众和游客发布，充分展现中华文化之美。游客可自由选择自行游览或跟随旅行团游览，政府相关部门应该加强对相关旅行社的认证和管理力度。二是做好对相关体育场馆的设计和后续开发管理。2008年北京奥运会后，"鸟巢"、"水立方"、国家体育馆三大主场馆不仅是可持续使用的体育场馆，更是成了北京市的标志性建筑，每年都吸引了大量的游客前往游玩。冬奥会也应当借鉴这一思路，在设计场馆时兼顾美观性与实用性，使得相关场所在赛事结束后依然能广泛用于旅游、文体活动，为北京增添新的文化资源。三是向市民大力推广奥林匹克精神和"体育强国"理念。一座城市的精神文化是一个城市的文化内核，而城市的精神文化又体现在市民的精神理念和行为上。借助文体明星代言、设立宣传展板等方式向市民大力宣传"更高、更快、更强"的奥林匹克精神和"体育强国"理念，一方面可以促进更多市民参与体育锻炼和健身活动，增强市民体质，另一方面可以丰富市民精神生活，陶冶市民情操，弘扬爱国主义精神和奋斗进取精神，进而从整体上增强城市的文化核心竞争力。

3. 展现国际交往中心形象

一是做好对国外参赛代表队及游客、观众的服务保障工作。这一方面要求我们在筹备冬奥会过程中应该高质量地完成各项基础设施建设工作，确保赛事举办的硬件设施能够满足需求；另一方面要求应做好商务、住宿、交通、安保、餐饮等服务保障工作，使来到北京的外国人能够充分认可北京承办国际大型体育赛事和活动的能力。二是借助冬奥会打造国际性体育赛事品牌。北京目前已经打造了中国网球公开赛、北京马拉松赛等城市体育赛事品牌。借助冬奥会，北京可以尝试打造固定的国际性冬季运动赛事品牌，强化北京作为国际体育交流中心的地位。

4. 展现科技创新中心形象

一是加强新科技在冬奥会中的应用。充分利用北京科技创新中心的资源优势，将5G、移动互联网、无人驾驶、物联网、人工智能等高新技术应用到冬奥会场馆园区服务、通信保障、电视直播、演出活动中，举办一届富有科技感的冬奥会，展现北京的科技创新中心形象。二是借助冬奥会推动相关科技领域创新。以提升气象、医疗、交通、转播等领域保障水平，支撑冰雪运动产业，打造智慧城市，引领可持续发展为主题，举办冬奥会科研项目挑战赛，促进相关领域技术创新发展，推进北京更多科研成果落地。

参考文献

北京 2022 年冬季奥林匹克运动会申办委员会：《北京 2022 年冬季奥林匹克运动会申办报告》，北京体育大学出版社，2015。

习近平：《决胜全面建成小康社会　夺取新时代中国特色社会主义伟大胜利——在中国共产党第十九次全国代表大会上的报告》，人民出版社，2017。

易剑东、王道杰：《论北京 2022 年冬奥会的价值和意义》，《体育与科学》2016 年第5 期。

中共中央宣传部：《习近平新时代中国特色社会主义思想三十讲》，学习出版社，2018。

周美雷：《以首善标准建设大国政治中心》，《前线》2019 年第 5 期。

E. Avraham, "Cities and Their News Media Images," *Cities* 17 (2000).

从细节处讲好2020年东京奥运会故事的国际传播

沈诗伟[*]

摘　要： 随着日本东京和中国北京将先后举办夏季和冬季奥运会，奥运会进入东亚时间。如何通过奥运会提升主办国与主办城市的国际影响力，实现精准国际传播，赢得年轻群体的关注？同属东亚文化圈的日本先行先试，积累了丰富经验。笔者通过实地走访东京，对话奥组委媒体关系负责人，从理念和实践方面分析东京奥运会的国际传播经验，为北京2022年冬季奥运会提升国际传播能力提供借鉴。

关键词： 东京奥运会　国际传播　社交媒体　城市形象

国际传播实践的核心是做人的工作，是人与人的对话和交流。奥运会作为提升主办国与主办城市国际影响力最为重要的平台之一，在实施人与人的精准传播，以及讲好主办国与主办城市的故事方面，提供了丰富多样的实践经验。

从1964年东京奥运会到1998年长野冬奥会，日本以完美的细节和理念强化人与人之间的细致交流，注重通过每个到访日本的个体的亲身经历，传递日本的理念和思考。向世界展示了日本的复兴和发展，使得日本的国际形象在短短几年里实现质的飞跃和改善。

---

　*　沈诗伟，中央广播电视总台中国国际电视台 CGTN 新闻编辑与时政评论专栏作者。外交学院法学第二学士学位，主要研究方向为电视节目访谈和制作、国际传播与社交媒体运营，以及中英文时政评论。

时隔半个世纪，日本 2020 年东京奥运会力争讲好主办城市和主办国的故事。要讲好主办城市和主办国的故事，首先应讲好每个人的故事，其中真实的故事最具有说服力。

2019 年 6 月，笔者造访日本 2020 年东京奥运会和东京残奥会组委会交流学习。笔者作为在国际传播一线工作，并且懂得日本语言和文化的媒体人，通过在东京的实地走访，亲身体会到日本 2020 年东京奥运会将要展现的东京与日本的国际形象是立体与多维的，由多元共生的群像所塑造，在每一个维度和视角中，核心是讲好人与人的故事。

一 "和风细雨"润无声的理念，讲好日本故事

深得日本文化精髓的"日式服务"，不仅早已成为日本国家软实力的象征，更是在迎接日益增加的游客中，通过人与人"和风细雨"式的交流，促进了包括东京在内的日本国家形象的国际传播。

从东京羽田机场和成田机场的海关开始，东京已经着重建构日本的国际形象。对于外国访客，特别是首次到访日本的访客，通常首先会从机场服务开始建构对这座城市国际形象的认识。

近年来，日本完善的配套设施与高度重视细节体验的服务，成为日本国际形象的靓丽名片，访日的外国游客逐年增长。日本国土交通省 2019 年 1 月 10 日发布消息，2019 年访日外国游客约为 3188 万人次，相较前一年增长 2.2%，已连续 7 年突破往期最高纪录。[①] 日本国家旅游局的统计显示，2018 年访日外国游客人数达到 3119 万人，较 2017 年增长了 8.7%。

此前，日本预计 2020 年东京奥运期间，东京首都圈的相关人员及观众人数总计将有 1000 万以上，部分拥堵线路的铁路乘客人数预计会比平时增加一成左右。虽然受新冠肺炎疫情影响，东京奥运会延期至 2021 年举办，

---

① 日本经济新闻『19 年訪日客、2.2% 増の3188 万人　8 年連続増も伸び鈍く』、2020 年 1 月 10 日、https://r.nikkei.com/article/DGXMZO54249780Q0A110C2MM0000？s = 4。

而且过去的奥运东道主国家，曾出现因拥挤和住宿费上涨，普通游客减少的现象，日本国土交通相赤羽一嘉提出"将最大限度活用奥运这一绝佳机会。战略性地宣传地区魅力，吸引游客前往地方"。①

大量涌入的外国游客在给东京及周边地区配套设施和服务带来巨大压力的同时，也给日本以"润物细无声"的理念进一步提升国际形象带来机遇。

第一，高度重视细节的日式服务，是讲好奥运故事的基础。

细节决定成败。实地体验东京成田与羽田机场和北京首都国际机场的机场服务，便能从细节上感受到中日服务的差异。

比如在机场巴士运行时间和整洁程度方面，日本高度注重细节体验的实践，值得北京 2022 年冬季奥运会借鉴。在运行时间上，东京双机场的运行时间更加契合航班时刻，相较于北京首都国际机场巴士服务时长较短，特别是夜间线路布局有限的情况，日本双机场巴士运行时间较长，线路可以同周边旅游热点地区对接，给国外访客特别是大量自由行游客带来更多便利和选择，也带动了周边旅游经济。

此外，日本机场巴士车辆在车厢内部整洁程度、服务人员衣着形象和协助乘客搬运行李等细节方面，都更胜北京首都国际机场一筹。从宏观角度来看，外国游客很容易在实地感受中、日、韩三国首都机场服务后，对日韩高度注重细节体验的服务产生好感。

第二，实施史上最严禁烟令，树立良好奥运形象。

日本近年来对公共场合吸烟的人性化管理取得了良好的效果。比如在公共场合全面禁烟的同时，在一些区域设置了吸烟室，为烟民提供人性化的管理服务。如今，日本正式实施史上最严禁烟令，可以预见会为 2020 年东京奥运会，特别是树立健康奥运的国际形象赢得更多加分项。

反观北京对公共场合吸烟行为的管理仍显粗放。在包括北京首都国际机场等展现城市形象的地点，随意吸烟和丢烟蒂等现象仍屡见不鲜。

---

① 《2019 年访日外国游客达 3188 万　中国游客数量明显增加》，中新网，2020 年 1 月 13 日，http://www.chinanews.com/hr/2020/01-13/9058498.shtml。

当韩国、日本和中国先后进入奥运时区，国际游客很容易对中、日、韩三国的具体管理水平进行比较。对公共场合吸烟问题的管理，包括首都国际机场在内的多个地点的管理水平不仅与日韩相去甚远，在某些方面较上海和深圳等地仍存在一定差距。

二 传统与创新融合的方式，展现日本"软实力"

民族的就是世界的。日本文化的融合体现在和风与西洋在同一时空中以两个层面相辅相成的形式呈现。

东京作为日本古都，从江户时代就积累了上百年的深厚底蕴，形成了以皇居和浅草寺等地为中心的历史文化区。同时，东京作为国际化大都市，还是新锐科技与时尚元素的集聚地，形成了以新宿和原宿等地为中心的新锐文化区。此外，日本文化符号的软实力在多年的国际传播中积累了深厚的受众群体，在日本料理、空手道和忍者等传统文化吸引全球关注的同时，以日本动漫、声优文化和机器人为代表的新锐产业，在海外也拥有了广大受众。

因此，东京城市的国际传播在近年来更加注重多角度呈现，以"新旧融合"的方式，向海外受众展示东京与日本的多层次魅力，以日本文化的"变与不变"和传统与现代的融合，吸引不同年龄和文化背景的群体对包括东京在内的日本产生浓厚兴趣。

在这样的背景下，制作精良的创意宣传片《东京！东京！》（*Tokyo*，*Tokyo*）应运而生，迅速走红。

2017年10月，东京都政府升级了Tokyo Tokyo官方网站（http://tokyo-tokyo.jp/），推出了全新的品牌宣传标志及宣传品，提出"当传统遇见现代"（Tokyo Tokyo Old meets New）的品牌口号，力求以独特的创新视角，推动世界各地旅行者与东京的交流。[①] Tokyo Tokyo系列以五个短片多维度地展现了

---

① Tokyo PR Videos Using "Tokyo Tokyo Old meets New", https://www.metro.tokyo.lg.jp/ENG-LISH/TOPICS/2017/171121.htm.

标识的创作思路及东京的国际形象。

2017年的短片主题是《当传统遇见现代》（Old meets New）。在"古今相遇"的线索中，以分屏镜头展现"一半传统、一半现代"，讲述江户时代和21世纪的两个东京，对比画面创意十足，将东京定义为一座将传统与现代完美融合的国际都市。

2018年的短片主题是《不停息的城市之旅》（Unstoppable Journey），设定了一个三天旅行计划，带着大家去了解"东京好建筑"。短片节奏明快，元素丰富，从两位男女外国人游玩东京的视角，体现了东京这座城市中历史与现代的碰撞，展现了东京作为现代国际都市的吸引力。

系列短片中还包括《品牌概念影片》（Logo Concept Movie），再次以"传统与现代"的主题，解构东京品牌宣传的内核：双色"东京、东京"（Tokyo Tokyo）英文，分别代表"传统"和"现代"。现代机械臂用喷墨探头写出蓝色印刷字体，表达现代东京；和服少女用毛笔写出黑色书法和印章印下的图案，既代表东京的纪念邮戳，同时也展示了日本新观光地标——涩谷交通交叉路口。

这组制作精良且充满创意的宣传片，完美地诠释了传统与现代并非截然对立，而是融合共生，以融合视角展现出东京和日本文化的多维性。

品牌宣传视频一经推出，在海内外获得广泛好评。这不仅反映出日本传统文化、现代动漫卡通及科技产品等多年来在国际市场积累的巨大影响力，也反映出日本的国际传播更加注重迎合年轻群体的传播逻辑。

2017年11月，以东京奥运会为主题的"洗脑"神曲《Tokyo Bon 东京盆舞2020》（Tokyo Bon 东京盆踊り2020），以迎合年轻群体传播逻辑的方式，迅速成为网络爆款，堪称东京2020奥运传播的现象级产品。

这部由日本东京奥组委托马来西亚音乐制作人黄明志与日本著名演员兼日本国策酷日本（Cool Japan）形象大使二宫芽生创作的日本风的《Tokyo Bon 东京盆舞2020》，将日式英语、20世纪80年代日本流行歌旋律、冲绳民谣、三味线以及众多日本文化的元素杂糅到一起，以简单上口的旋律创作了洗脑神曲，在海内外网络和社交平台获得了巨大关注，成为迎合年轻群体传播逻辑的典型案例。

三 吸引年轻群体和全民参与，提升国际正向传播

"东京2020奥运会最大的遗产将是东京奥运对年轻人的吸引力和全民参与度。"这是笔者实地走访2020年东京奥运会组委会期间，东京奥组委媒体关系主要负责人之一的加藤谦太郎介绍的东京奥运会国际传播情况。作为曾经的日本驻巴西使馆工作人员，和在里约奥运会期间为日本体育代表团服务的一员，加藤所介绍的核心内容体现在以下三个方面。

首先，通过多个项目体现全民参与理念。"制作属于大家的奖牌"的理念，在日本国内外获得广泛关注。2017年4月，日本东京组委会在东京都厅开启从"都市矿山"掘金，打造"大家的奖牌"项目。① 项目伊始便得到日本国内企业、地方政府、海外政要和著名运动员的支持和关注。

其次，绿色环保是奥运会的主旋律之一。东京奥运会和东京国际传播的主旗手之一，东京都知事小池百合子深知这一点。小池知事大力推广2020年东京奥运会奖牌由回收金属制成的实践，一方面向海外持续传播日本再回收循环技术先进国的形象，另一方面通过打造绿色与科技的理念吸引年轻群体。

再次，东京奥运会是日本地方城市提升国际传播的重要平台。从筹办奥运到2021年举办奥运会期间，日本地方县市纷纷以不同形式参与其中。

第一，参与奥运场馆和赛事。笔者从东京奥组委了解到，比如奥运村内搭建临时休憩区所用的产品，多来自日本不同城市，奥运结束后会再送回原地回收利用。在践行绿色理念的同时，可以通过奥运会的平台，将日本各地特色以"润物细无声"的体验式"沟通"带给国际友人。

第二，参与奥运周边经济。东京都和日本地方城市正通力合作，加紧开

---

① 『都市鉱山からつくる！みんなのメダルプロジェクト』について，https://tokyo2020.org/ja/games/medals-project/。

发奥运游客井喷期间的外国游客资源，通过人与人的沟通，更好地推介日本。

预估 2020 年东京奥运期间，以东京为主的首都圈的相关人员及观众人数总计将有 1000 万人以上。在东京都地区酒店旅馆供应紧张的背景下，以"全日本体制"加强首都圈及周边地区的战略合作，不仅能让东京首都圈分享奥运经济红利，还能通过日本深度游，向海外更好地讲述"日本故事"，实现精准传播。比如在具体实践中，东京周边的静冈县和埼玉县以及东北地区等，都加强联合东京及周边旅游信息中心和企业，积极开发奥运周边经济，从另一个角度也实现了更好地国际传播。

四 针对受众叙事和精准传播，讲好北京奥运故事

通过对东京奥组委和当地实地走访，笔者更加直观地了解到日本在 2020 年东京奥运的城市形象定位与国际传播的特点。笔者认为，北京 2022 年冬季奥运会可以从以下两个方面借鉴东京 2020 年奥运会的经验。

第一，注重从细节出发开展精准国际传播。

奥运会的举办，会极大地提升主办城市的城市发展和服务水平。在中国日益加大改革开放力度的今天，加强软件建设，在人与人交流中讲好"中国故事"正成为主旋律。笔者认为，在预计海外访客快速增长的大背景下，北京在包括机场在内的主要地点可以借鉴东京和首尔在细节服务方面的成熟实践经验，比如进一步推广北京中转过境免签政策，吸引海外游客；调整金融网点布局，扩大对外国游客到访中国所需通信网络等产品的布局，比如在首尔和东京机场，经常能看到旅游局、银行和电信企业等通过窗口服务吸引外国访客；对不符合外文表达的标示进行整改，对机场巴士和服务人员在服务水平和整洁度等方面严格要求，营造良好的国民形象。

第二，提升营造"爆款"传播产品的能力。

当前的国际传播面对着日益多元的受众群体。国际传播在内容开发、产品形式和传播渠道等方面，都呈现纷繁复杂的业态，竞争日趋激烈。东京奥

运会组委会抓住国际受众更多的是通过油管（YouTube）、脸书（Facebook）、推特（Twitter）、照片墙（Instagram）和连我（Line）等平台获取信息的重点，逐步建立起打造日本形象的国际传播矩阵。

因此，提前调研不同文化背景的海外受众如何理解中国形象，并找到特定的传播渠道和路径，对于从细节处讲好北京2022年冬季奥运会故事的精准国际传播，意义重大。特别是在日本2021年举办夏季奥运会后的次年，北京举办冬季奥运会的情况下，应着重增强北京国际传播产品的独特性，以便与东京奥运会在东亚文化圈中有所区别。

在具体"爆款"产品的开发中，可以着重体现中国国际形象在传统与现代融合，科技与人文素养方面的特点，特别是将在海外已有深厚积淀的中国形象符号融入其中。学习日本城市宣传片中，将日本文化、企业和社会符号等精准融合的经验。通过营造"爆款"传播产品，提升国际传播的精准投放水平等，对2022年北京冬奥会提升国际传播能力具有重要意义。

五　以同理心思维调整国际传播内容，应对新冠肺炎疫情冲击

同理心主要表现在换位思考、倾听能力和表达尊重等方面，这种理念深刻地融入东京奥运会的国际传播。

日本在对国际社会特别是西方国家进行对外宣传方面拥有较长的历史和较多的成功经验，擅长找好角度，把自身的文化特点作为一种优点呈现给其他国家。2019年9月日本知识产权战略本部推出的新"酷日本"战略更加重视今后将以世界的视角为起点，在日本人和外国人的共同努力下发掘日本魅力并进行传播，从而获得世界的"共感"。直至今日，日本外宣时仍然非常注重外国人的"他者"视角。[1]

---

[1]　张梅：《日本对外文化输出战略探析——多元实施主体与国家建构路径》，《日本问题研究》2020年第2期。

新冠肺炎疫情肆虐全球，给东京奥运会带来极其复杂的冲击。筹办工作充满了不确定性，民众对奥运会能否在2021年延期举办的信心持续下降。新冠肺炎疫情给东京奥运会的国际传播带来前所未有的压力。日本前奥运大臣、东京奥组委副主席远藤利明曾表示，东京奥运会能否举行最早要到2021年3月才能决定。

鉴于疫情深刻影响了经济、社会和人们的心态，一些国家和地区的经济遭受重创，社会舆论出现碎片化和极端化的倾向，正常生活秩序的恢复需要更多的物质和精神投入。如果东京奥运会成功举办，这对日本将是一个具有象征意义的重大时刻，即东京奥运会是全球战胜"大流行"的奥运，有利于提振信心。

面对重重困难，东京奥组委通过再次倒计时一周年纪念活动，发布视频《东京2020+1寄语》，以同理心与共命运为主题，邀请曾同白血病抗争的日本游泳运动员讲述故事，引发人们对东京奥运会面临困难和全球团结一心战胜疫情带来的挑战的共鸣，鼓励明年参赛的运动员，感谢和致敬危难时期为社会提供医疗支援和社会护理的人们，以表达在体育运动重回常态之前力求延续希望的决心。同时，日本奥组委在脸书（Facebook）、油管（YouTube）和推特（Twitter）等发起"东京2020+1"（"TOKYO2020 Plus 1"）话题并不断更新内容，持续保持话题热度。

在应对疫情冲击下的国际舆论时，日本继续发挥"酷日本"战略建设完善的国际社交媒体传播矩阵的作用。相较而言，北京冬奥会的国际传播工作仍有改进空间。比如北京冬奥会虽然入驻脸书、推特和油管等海外社交平台的时间早于东京奥运会，但在内容生产、粉丝数量、视频播放量、话题引导和跨平台联动等方面仍显不足。

面对疫情对社交媒体舆论的冲击，以及带来的负面心理作用，东京奥组委生产的国际传播内容，更多地将日本各地的特色打包融入东京奥运会，充分发挥日本风光和动漫文化等在国际传播中积极正面的优势，在纷繁复杂的舆论中展现更多正能量，吸引受众对东京奥运会产生更多期待。

参考文献

魏然：《2020年东京奥运会城市形象国际传播策略及启示》，《体育文化导刊》，2017年第3期。

平昌奥运会"北京8分钟"宣传片多模态趋近分析

刘思彤　王　磊[*]

摘　要： 2018 年 2 月 25 日，平昌奥运会的闭幕预示着冬奥会正式进入了"北京时间"。本文针对平昌奥运会闭幕式上的"北京 8 分钟"宣传片，并结合北京冬奥组委官网发布的《"北京 8 分钟"文艺表演阐释》一文，从批评认知语言学中趋近化理论入手对宣传片中的语言、图像、声音等符号系统进行多模态分析，解析"北京 8 分钟"所传达的现实意义，以及对构建北京新时期国际形象的启示。

关键词： 趋近化理论　符号系统　多模态话语分析　国际形象　平昌奥运会　北京 8 分钟

　　2022 年冬奥会的宣传工作有序推进，2018 年平昌奥运会闭幕式的"北京 8 分钟"开启了冬奥会"北京时间"的序幕。北京作为"双奥"城市，在不同时代背景下构建的国际形象也是不同的。"北京 8 分钟"不仅是冬奥会"北京时间"的起点，也是世界聚焦北京冬奥会的第一个舞台，短短 8 分钟内想要完美地传递出北京新时代国际形象是需要反复推敲的。2004 年雅典奥运会闭幕式上的"北京 8 分钟"让北京受到全世界的瞩目，武术表演、深

---

* 刘思彤，北京第二外国语学院研究生，主要研究方向为话语分析；王磊，博士，北京第二外国语学院英语学院副院长、教授、研究生导师，主要研究方向为美国外交话语研究、中国官方话语与传播研究。

厚历史、四大发明等在这 8 分钟里都以文艺表演的形式展示给世界人民，使世界人民对北京的印象从刻板封闭改变为积极开放，体现了北京欢迎全世界的好客开放的民族精神以及中华民族深厚的文化底蕴。

尽管 2008 年北京国际形象的构建是成功的，但是相同的策略不能应用于两次奥运会，现在的北京已经有了翻天覆地的变化，在国际形象的重建上也有了新的要求。因此，在指导 2018 年平昌奥运会的"北京 8 分钟"时，张艺谋总导演重新审视了中国整体发展状况，以及北京要传递出的信息，完成了这次北京重新定位后的文艺表演。

因此，本文就平昌奥运会闭幕式上的"北京 8 分钟"宣传片，结合北京冬奥组委官网发布的《"北京 8 分钟"文艺表演阐释》一文，在 2022 年北京冬季奥运会背景下，对北京国际形象进行多模态趋近化分析。

一 多模态话语分析和趋近化理论

本文探讨的"北京 8 分钟"宣传片多模态趋近分析主要涉及两个方面：多模态话语分析和趋近化理论。

（一）多模态话语分析相关研究

多模态指的是同一事件或者语篇中存在多种符号模态或者多种模态符号。[①] 目前，多模态话语分析的多数研究主要涉及理论革新和应用实践两个方面，以系统功能语法为理论基础的文字、图像、行为等符号的话语分析，以及以多模态话语分析为工具的实践分析。

目前，国内外许多社会符号学及批评话语分析的学者将系统功能语法作为理论基础进行语篇分析，比如侧重于功能语法建立了语法系统的视觉语法[②]，

---

① G. Kress and T. Van Leeuwen, *Reading Images：The Grammer of Visual Design* (London：Routledge，2006).

② G. Kress and T. Van Leeuwen, "Reading Images：The Grammar of Visual Design," *Communication Theory* 17 (1996).

区别了颜色切分特征的颜色语法①等。基于此，李战子和陆丹云认为，中国国内的多模态话语研究偏重于应用方面，比如将"视觉语法"理论应用在特定语篇的分析，从而展示在多模态中意义是怎样构建的。② 除此之外，也有一些学者进行了多模态隐喻的相关研究，赵秀凤等结合实例探讨了多模态广告语篇中隐喻的构成、识别和解读，以及隐喻性多模态广告语篇中整体意义的动态构建过程。③

从中可见，多模态话语分析与认知语言学的结合有很好的融合性和互补性，但是仅限于认知语言学中的隐喻研究方面，因此，本文将多模态话语分析的研究范围拓宽到认知语言学中新的研究视角趋近化理论之下。

（二）趋近化理论相关研究

国内外做趋近化理论相关研究的学者并不多。在 2013 年发表的 "Towads the Proximization Model of the Analysis of Legitimization in Political Dissource" 一文中，Cap 对相关研究进行了思考和分析，认为趋近化理论可以作为一种工具用于各种不同类型的话语分析中，如伊拉克战争话语修辞。④ Hart 用其进行了移民话语的分析⑤；武建国、林金容等将该理论做了总结及介绍⑥；张辉评介了 Cap 教授的《恐惧的语言：公共话语中威胁的传达》⑦；栗艺基

---

① G. Kress and T. Van Leeuwen, "Colour as a Semiotic Mode: Notes for a Grammar of Colour," *Visual Communication* 10 (2002).

② 李战子、陆丹云：《多模态符号学：理论基础，研究途径与发展前景》，《外语研究》2012 年第 2 期。

③ 赵秀凤、苏会艳：《多模态隐喻性语篇意义的认知构建——多模态转喻和隐喻互动下的整合》，《北京科技大学学报》（社会科学版）2010 年第 4 期；展伟伟、赵秀凤：《多模态视角下爱情新体验——"40 – Love"诗歌为例》，《中国石油大学胜利学院学报》2010 年第 4 期。

④ P. Cap, "Towards the Proximization Model of the Analysis of Legitimization in Political Discourse," *Journal of Pragmatics* 40 (2008).

⑤ C. Hart, *Critical Discourse Analysis and Cognitive Science: New Perspectives on Immigration Discourse* (London: Palgrave Macmillan, 2010).

⑥ 武建国、林金容、栗艺：《批评性话语分析的新方法——趋近化理论》，《外国语》（上海外国语大学学报）2016 年第 5 期。

⑦ 张辉：《〈恐惧的语言：公共话语中威胁的传达〉评介》，《天津外国语大学学报》2018 年第 2 期。

于 Cap 教授 2014 年发表的三篇有关公共空间演讲的趋近化分析研究完成了翻译实践报告①。从中可见，该理论的利用价值很大，适用范围也很值得挖掘。

本文将认知语言学中的新理论视角趋近化理论运用到多模态话语分析中，将"多模态"和"趋近化"作为关键词一起检索，只找到一篇将多模态趋近化运用到网络谣言的认知研究的文章（杨诚《多模态趋近化视阈下网络谣言的认知机制诠索》②）。因此，两者结合起来的理论框架是一种新的研究视角，有很大的研究空间。

二 北京国际形象构建的多模态趋近化分析

2018 年 2 月 25 日，平昌奥运会的闭幕预示着冬奥会正式进入了"北京时间"。虽然 2008 年北京夏季奥运会成功地构建了北京形象，但是北京这一次举办的 2022 年冬季奥运会显得更有文化信心。通过高科技的手段，北京冬奥会发出欢迎全世界人民来北京玩雪的邀请，既显示出中国及北京对世界人民从古至今的东道主精神，又展示了中国及北京近十年飞速发展的科技创新实力。本文就平昌奥运会闭幕式上的"北京 8 分钟"宣传片③，结合北京冬奥组委官网发布的《"北京 8 分钟"文艺表演阐释》一文④，在 2022 年北京冬季奥运会背景下，对北京国际形象构建的多模态趋近化进行分析。

趋近化理论（Proximization Theory）是指从话语角度使听话人感受到外来的威胁，以达到说话人自身的目的，从而同意相应措施合法化。这里外来的威胁指的是 ODC（Outside-Deictic-Center），即指示中心外部的实体；说话

① 栗艺：《"认知语用学理论在批评性话语研究中的应用：对三类公共空间话语的趋近化分析"翻译报告》，硕士学位论文，华南理工大学，2016。
② 杨诚：《多模态趋近化视阈下网络谣言的认知机制诠索》，《东南传播》2019 年第 8 期。
③ 《视频来了！"北京 8 分钟"惊艳亮相平昌冬奥会闭幕式》，https://baijiahao.baidu.com/s? id =1593379555647191658&wfr = spider&for = pc，最后访问时间：2019 年 11 月。
④ 《"北京 8 分钟"文艺表演阐释》，北京冬奥组委官网，http://www.beijing2022.cn/a/201802 25/012654.htm，最后访问时间：2018 年 11 月。

人和听话人指的是 IDC（Inside-Deictic-Center），即指示中心内部的实体。ODC 具有趋近化模型的三个方面：时间、空间和意识。但是，由于趋近化理论的相关分析只局限在政治话语层面，所以，本文将会把趋近化理论运用到除话语以外的其他符号中进行多模态趋近化分析。

在此次文艺表演中，IDC 指北京 2022 年构建的新的国际形象，ODC 指北京 2008 年奥运会后构建的国际形象。有一点值得注意的是，趋近化理论中 ODC 对于 IDC 通常是会有负面影响的，易造成威胁；在此次分析中，北京 2008 年后构建的国际形象（ODC）对于 2022 年虽然没有负面影响，但是属于旧的国际形象。"北京 8 分钟"的认知多系统模型分析（STA）见图 1。

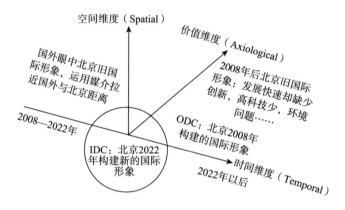

图 1　"北京 8 分钟"的 STA 分析模型

资料来源：笔者绘制。

在此次"北京 8 分钟"的文艺表演中，大量使用了时间维度上的分析方法来构建北京新的国际形象。利用"冰屏"讲述"中国故事"这一部分，先是出现长城来象征北京，随后依次出现了中国高铁、中国桥梁、高速公路、城市发展、"鸟巢"、"天眼"等一系列中国发展带来的新创新成果，显示出自 2008 年北京奥运会至今近十年的时间内城市发展、交通运输、创新科技等方面的显著进步，强调中国北京不仅是个有深厚历史底蕴的城市，而且在创新发展上也处于领军地位。除此之外，在文艺表演的最后，场地屏幕上出现了一个巨大的信封，信封下方依次出现历届冬奥会，最后屏幕上出现了"2022 相约北京"的字样，表达了冬奥会对全世界人民相约北京的邀请。在这一维度下，通过时间的更替，北京运用高科技技术将自身的快速发展形象生动地展现在世界人民眼前，构建了一个新时代下的北京新国际形象。

在空间维度上，"北京 8 分钟"主要运用一些象征媒介来缩短外国人民与中国北京之间的心理距离。文艺表演一开始，就出现了两位"熊猫队长"，熊猫憨态可掬，不仅是全世界人民喜爱的动物，也是中国的标志之一。"熊猫队长"带领 22 位轮滑演员在舞台上接连滑出不同的运动项目、中国结等一系列线条图案，表示冬奥会即将进入"北京时间"；随后，讲述完"中国故事"之后，舞台上逐渐出现了地球、五大洲孩子的笑脸和彩带、橄榄枝和梅花环绕成的花环，以及象征奥运的"五环"，这些媒介都拉近了世界人民和北京的距离，体现出我们共住地球村、共建美好未来的新愿景。"北京 8分钟"很好地讲述了"中国故事"，展露了北京的新形象，拉近了世界人民与北京的距离，向世界人民发出了来"新北京"做客的邀请。

在价值维度上，2008 年后中国的国际形象并不是只有好的一面，因为发展速度过快而忽略环境问题、自主创新方面薄弱等都引起了国外媒体的一些质疑。面对这些质疑，在近十年间，北京化质疑为动力，在保证经济持续发展的过程中更加重视环境问题的治理，另外，"天眼"、中国空间站、"无人机"等一系列创新成果都证明了中国的创新实力。在"北京 8 分钟"中，"中国故事"的讲述，给世界人民最直观地展示了新时代北京新的国际形象。在这一维度上，北京将面对的质疑转换成了新时代发展的新目标，转变了价值观念，利用高科技的手法和技术，构建出北京新的国际形象。

三 构建北京新时代国际形象

在平昌奥运会"北京 8 分钟"的宣传片中，北京对即将举办的 2022 年奥运会抱有高度的文化信心，通过高科技的手段发出中国及北京欢迎全世界人民来北京玩雪的邀请，既显示出中国及北京对世界人民从古至今的东道主精神，又展示了中国及北京近十年飞速发展的科技创新实力。因此，在这次的"北京8分钟"中，以长城为北京的名片，借助高科技向世界人民展示了中国及北京近年来的变化和创新实力，呈现了一个集文化和科技、历史和创新、绿色和经济发展于一身的全新的北京国际形象。

"北京8分钟"利用高科技展示的"中国故事"使得世界人民与北京之间的空间、时间距离大大缩小，从而改变国内外媒体对北京的负面印象，将其转换成对北京有利的正面形象，进而成功构建北京新的国际形象，呈现了一个科技之国、绿色之国、文化之国合一的北京新时代国际形象。

本文利用多模态趋近化结合的话语分析框架分析了平昌奥运会中"北京8分钟"，探讨了其中北京新时代国际形象的构建策略，对北京在新的全球化趋势下构建、传播自身国际形象具有一定的现实意义。此外，在理论发展方面，本文将认知语言学中的趋近化理论运用到多模态话语分析中，证明了趋近化理论的有效性，不仅可以作用于话语，在非话语的其他符号中也有研究意义。

冬奥会契机下话语策略对国家
形象的建构

摘　要： 奥运会是一个国家在国际社会上展示自身良好形象，提升国际地位的重要契机，是一国综合国力尤其是政治和经济实力的彰显。中国竞得 2022 年冬季奥运会举办权，理应采取合适的话语策略建构中国良好形象。以建构主义国际关系理论为视角进行分析，我们不难发现，话语策略与国家形象之间存在一个"实践—身份—利益—共有观念"的建构过程，"相互依存、共同命运、同质性、自我约束"四个变量能够影响国家形象的建构。针对 2022 年冬奥会的办赛理念，在此提出"天下为公"、"可持续发展"和"共同利益"三种话语策略，旨在建构中国友好合作、关注生态、协调发展及与国际社会"命运共同"的形象。

关键词： 冬奥会　话语策略　国家形象　建构主义

一　国家形象

国家形象是一个相对较新的概念，学界目前尚无统一的定义。国家形象

---

* 张晓歆，北京第二外国语学院研究生，主要研究方向为话语分析；王磊，博士，北京第二外国语学院英语学院副院长、教授、研究生导师，主要研究方向为美国外交话语研究、中国官方话语与传播研究。

评价主体的界定主要有两种观点：一种认为国家形象即国家的国际形象，多从国际传播学、国际关系学视角开展研究。徐小鸽是国内最早开展国家形象研究的学者，认为国家形象是"一个国家在国际新闻流动中所形成的形象，或者说是指一国在他国新闻媒介的新闻和言论报道中所呈现的形象"①。刘继南指出，国家形象是"其他国家（包括个人、组织和政府）对该国的综合评价和总体印象"②。吴献举、张昆总结出，"国家形象是人们（形象主体）在一定条件下对一个国家（形象客体）由其客观存在所决定的外在表现的总体印象和评价"③。

另一种则区分了内部和外部、国内和国际形象。管文虎首次正式界定了这一概念，认为"国家形象是一个综合体，它是国家的外部公众和内部公众对国家本身、国家行为、国家的各项活动及其成果所给予的总的评价和认定。国家形象具有极大的影响力、凝聚力，是一个国家整体实力的体现"④。孙有中对管文虎的这一说法做了补充："国家形象是一国内部公众和外部公众对该国政治、经济、社会、文化与地理等方面状况的认识与评价，可分为国内形象与国际形象。在根本上，它取决于国家的综合国力，但并不简单等同于实际情况。"⑤

总的来说，"国家形象"指的是其他国家（包括国内外的个人、机构以及政府）和整个国际社会对某一国家持有的综合评价和总体印象，象征对该国家的基本态度和取向。因此，在一定程度上，国家形象是可以被人为地建构的。

奥林匹克运动在经历了百年的发展之后，早已不再是一项单纯的体育活动，而是一个国家在国际社会上展示自身良好形象，提升国际地位的契机，

---

① 徐小鸽：《国际新闻传播中的国家形象问题》，《新闻与传播研究》1996年第2期。
② 刘继南：《大众传播与国际关系》，北京广播学院出版社，1999，第25页。
③ 吴献举、张昆：《国家形象：概念、特征及研究路径之再探讨》，《现代传播》（中国传媒大学学报）2016年第38期。
④ 管文虎主编《国家形象论》，电子科技大学出版社，2000，第23页。
⑤ 孙有中：《国家形象的内涵及其功能》，《国际论坛》2002年第3期。

是一国综合国力尤其是政治和经济实力的彰显。2008 年北京夏季奥运会是中国第一次全面向世界展示自己魅力的体育盛事，给全世界人民留下了深刻印象，也成功地塑造了开放、文明、团结的现代化中国的良好形象。[①] 将于 2022 年由北京和张家口联合举办的冬奥会助力"中国成为第一个实现奥运'全满贯'（先后举办奥运会、残奥会、青奥会、冬奥会、冬残奥会）国家"[②]，更是中国在国际社会上建构良好国际形象的又一重要契机。

二 话语策略

改革开放以来，中国致力于提升国际形象，积极地参与国际事务，获得了平等对话的权力，逐渐脱离了在国际上的"失语"状态。在不同的历史时期，为应对复杂迥异的国际形势，建构对中国自身有利的国际形象，党中央集体需要深刻分析话语的文化内涵，运用不同的话语策略，以促进国际交流，增强文化软实力。在北京申奥委向国际奥委会递交的申办报告中，确定了三大理念：以运动员为中心、可持续发展、节俭办赛。围绕这三大理念，在此提出冬奥会契机下应该采用的三种话语策略："天下为公"、"可持续发展"和"共同利益"。

（一）"天下为公"话语策略

"天下为公"一词出自《礼记·礼运》所记载的"大道之行也，天下为公"，阐述了孔子所希冀的社会景象。最初能够体现这一思想的当属中国古代选举部落领袖所用的"禅让制"，举贤避亲，真正为部落成员谋福祉。"天下为公"，着重强调的是一切资源、钱财、权势都是共有的，追求"天下大同"。党的十八大以来，以习近平同志为核心的党中央集体为"天下为

---

① 张莉、南普随：《北京奥运会后的中国国际形象分析》，《国际关系学院学报》2009 年第 1 期。

② "2022 年北京—张家口冬季奥林匹克运动会"词条，360 百科，https://baike.so.com/doc/7926397 - 8201474.html，最后访问时间：2020 年 4 月 30 日。

公"源源不断地注入新时代的内涵，多次谈及"天下为公"，学者赵汀阳所述"天下定义了政治全语境，一切政治问题都在天下概念中被理解和解释"① 或许能够解释其中缘由。"从毛泽东的'为人民服务'到习近平总书记的'以人民为中心'的发展观，这既是'公'的核心内容，又是实现'天下为公'的根本途径。"② 运用这一话语策略，中国希望能在国际社会上塑造一种和谐友好的形象，旨在告诉他国，世界趋于一体化，各国实际上相互联系、相互依存，处在一个命运共同体中，希望能把中国所推崇的类似于家庭的共生性理念推广到更大规模的单位即世界上。此次举行冬奥会继续坚持"以人为本"的理念，以来自世界各国的运动员为核心，切实考虑其利益与诉求，营造出友好文化交流氛围；同时完善一系列的后勤保障措施与应急处理机制，在训练、竞赛、餐饮、交通、住宿等各个方面提供高水平的服务，确保他们在奥运会期间的良好体验，有助于运动员们以最好的状态在竞技场上完全发挥出自己的水平，呈现精彩纷呈的比赛。运用这一话语策略有利于建构中国友好、合作、负责任的大国形象。

（二）"可持续发展"话语策略

"1987 年，以挪威首相布伦特兰夫人为首的世界环境和发展委员会在《我们的共同未来》一书中第一次正式使用了'可持续发展'的概念，并将其定义为：满足当代人的需要，又不损害子孙后代满足其自身需求能力。"③ 自从党的十八大提出经济建设、政治建设、文化建设、社会建设、生态文明建设"五位一体"总体布局以来，在新的时代背景下，可持续发展思想再一次成为人们关注的焦点。中国想要稳步提升综合国力与国际地位，必须坚持全面协调可持续的发展观念，以长远的眼光看问题，不局限于眼前的既得利

① 赵汀阳：《以天下重新定义政治概念：问题、条件和方法》，《世界经济与政治》2015 年第 6 期。
② 杨名兴：《三"为"三"谋"展示"天下为公"新时代内涵》，《湖南日报》2018 年 6 月 5 日，第 2 版。
③ 邓昌雄：《可持续发展战略与当代国际关系》，《现代国际关系》1997 年第 3 期。

益。"可持续发展"是 21 世纪的重大战略举措，以人民全体利益为核心，其最高追求是国际社会以良好态势协调发展。想要谋求共同利益，就需要各国紧密合作，提高国际竞争力，人类全球观、整体性概念也因此逐渐增强，国家之间的相互依存指数也会随之提高。运用这一话语策略，不仅是希望在保证生态的前提下稳步发展经济，为人民谋幸福，为人类谋发展；也是为了表明与其他各国合作的诚心，同时向国际社会表明立场，要坚定推进全球"可持续发展"，实现共同繁荣。就此次冬奥会而言，北京致力于兼顾城市生态环境改善与经济社会发展，充分发挥奥林匹克运动对经济、社会、自然环境的促进调节功能，树立奥林匹克运动与城市互动发展的典范。"北京赛区将承担冬奥会所有冰上项目的比赛，共使用 12 个竞赛和非竞赛场馆，11 个为 2008 年奥运遗产，其中 9 个是直接使用"[1]，这一点是北京贯彻执行"可持续发展"理念的有力证明。随着北京 2022 年冬奥会的申办成功，冰雪运动的发展迎来了高潮，全民健身上升至国家战略，全民运动的热情逐渐高涨，民众的身体素质会随之相应提高，这也是"可持续发展"的另一种体现。通过采用"可持续发展"话语策略，中国更容易建构自身关注生态、追求绿色发展的形象，而这一点与国际社会目前的追求不谋而合。

（三）"共同利益"话语策略

"共同利益"思想是马克思、恩格斯历史唯物史观的重要内容，指明人的社会关系是"共同利益"存在的客观基础，"现实的人"则是追求"共同利益"的主体。在复杂的社会关系中，存在某种共同的利益追求，是形成社会共同体的必要条件。只有"共同利益"才能更好地维护社会中个体的利益，促进人类社会的存在和发展。[2] 如今全球化进程加快，"人类生活在同一个地球村里，生活在历史和现实交汇的同一个时空里，越来越成为你中有

---

① "2022 年北京—张家口冬季奥林匹克运动会"词条，360 百科，https://baike. so. com/doc/
7926397 - 8201474，最后访问时间：2020 年 4 月 30 日。

② 陈翠芳、刘一恒：《马克思恩格斯的共同利益思想及其当代启示》，《中南民族大学学报》
（人文社会科学版）2018 年第 6 期。

我，我中有你的命运共同体"①，中国提出的"人类命运共同体"理念的基础就是人类的"共同利益"。"共同利益"，并不像字面显示的那样只有利益，其中还包含矛盾、冲突与妥协，与"天下为公"话语相似，这一话语传达的也是一种美好的社会愿景。中国官方发言人运用"共同利益"话语，能够传达出中国虽然无法避免与其他国家发生矛盾冲突，但还是想方设法寻求合作共赢，也希望各国共同努力，维护这种利益的"共同性"。"共同利益"，正是中国得以在国际社会顺利开展活动的关键话语，如果运用得当，甚至可以达到政治和军事力量难以达到的效果。以此次冬奥会为契机，奥组委充分考虑我国国情和民生，在场馆建设、赛事进行、配套设施建设等环节合理设置预算并严格执行，争取最大限度地降低成本。同时力求做好道路交通、生态环境等方面的建设规划，充分进行市场化运作，社会福利增加的同时环境将持续改善、交通将更加便捷。这些举动会创造出很多积极、长期的奥运遗产，将使举办城市从中受益，民众也会得到巨大的实惠，将有效实现"共同利益"。这一话语策略有助于构建中国周到细致、协调发展及与国际社会"命运共同"的形象。

三 建构主义视角下的国家形象分析

建构主义国际关系理论兴起于 20 世纪 80 年代，当时冷战已经几近结束，作为主流的新现实主义和新自由制度主义的辩论为新型国际关系理论的产生提供了客观环境。到了 20 世纪 90 年代，冷战结束，东欧剧变，以美国国际关系学者亚历山大·温特（Alexander Wendt）为代表的建构主义学派迅速兴起。到 1999 年温特出版书籍《国际政治的社会理论》，历经十年的发展，建构主义形成了较为完善的理论体系。"'建构主义'的两条基本原则是：人类关系的结构主要是由共有观念而不是由物质力量决定的；有目的行

---

① 习近平：《习近平谈治国理政》，外文出版社，2014 年，第 212 页。

为体的身份和利益是由共有观念建构而成的，并非天然固有的。"① 建构主义强调文化、观念对于建构国家身份的重要性。温特认为，任何社会体系结构都包含三个因素，就是物质条件、利益和观念。"建构主义认为，身份关系不是先天具有的，而是由行为体之间的社会性互动实践确定的。"② "基于对行为体身份可建构性的认定，温特提出了四个能够影响集体身份建构或削弱的主变量，也是国际关系学者常用于解释影响国际合作的四个变量，即'相互依存、共同命运、同质性、自我约束'。"③接下来本文将从前两个变量着手分析话语策略对国家形象的建构。

（一） 相互依存

纵观中国历史，每一个阶段都有代表其当时所处环境及自身地位的话语策略。从洋务运动的"师夷长技以制夷""中体西用"，到辛亥革命的"三民主义""五权宪法"；从新中国成立初期毛泽东主席提出的"一边倒""另起炉灶"到如今习近平总书记提出的"中国梦""精准扶贫"，每一点都具有鲜明的特色。相互依存的基础是社会行为体之间的互动。合理运用话语策略能够帮助加深中国与国际社会相互依存的程度。现代的中国通过使用这些话语策略，向国际社会传达的都是自身爱好和平、想要共建和谐社会的愿望。比如一些西方人鼓吹"中国威胁论"，习近平总书记2014年在巴黎出席中法建交50周年纪念大会上说道："中国这头狮子已经醒了，但这是一只和平的、可亲的、文明的狮子。"④ 这一"狮子论"旨在解构"中国威胁论"，说明和平发展中的中国不会对其他国家构成威胁，是一只不会主动惹事的"狮子"；另外，也彰显了中国的实力，是一只不怕事的"狮子"。同样地，"天下为公"话语策略表明的是中国愿意为全体人类的进步在自身力所能及

---

① 吴嘉蓉：《建构主义国际关系理论对中国和平发展的启迪》，《理论导刊》2009年第6期。
② 梁媚：《浅析建构主义国际关系理论》，《创新》2010年第3期。
③ 刘雪莲、桑溥：《"一带一路"建设与中国的全球治理理念——以建构主义理论为视角》，《吉林大学社会科学学报》2018年第6期。
④ 习近平：《中国这头狮子已经醒了》，《新京报》2014年3月29日，第1版。

的范围内贡献力量的坚定决心，要为世界人民谋幸福，为国际社会谋发展。

（二）共同命运

共同命运区别于相互依存的点在于其由第三者建构，例如共同利益，社会间的活动并不是建构共同命运的必要条件。举例来说，我们平常所说的"敌人的敌人就是朋友"正是这个道理，在历史发展的长河中，也不乏国家之间为了抵御更强的敌人选择暂时结盟的战略来互相保全的现象，但是这种利益关系一旦解体，国家之间的合作很可能不复存在。因此，建构共同命运的要点在于国家之间为了共有的利益开展持续性的合作已达到密不可分的状态。习近平主席于2013年建设性地提出"一带一路"倡议，巧妙地将中国与共建国家紧密地联系起来，互惠互利，有助于形成中国与其他国家共同建构经济层面上的集体身份。这一建设以中国为轴心，其初衷和最高目标是构建人类命运共同体。"命运共同体"这一话语又进一步促进了不属于"一带一路"共建国家的第三方国家对于"集体认同"这一认识的内化，中国共产党在各种政治活动中反复强调这一话语也逐渐将其塑造成国际上的一种共有观念。这一举动使得各国之间相互依存程度得到了加深，更加紧密合作，有助于塑造中国形象。同样，前面提出的"共同利益"和"可持续发展"话语策略都满足了国际社会的共同需求，成功地将中国与国际社会紧密联系在一起。

冬奥会契机下北京特色文化的对外传播

田凯旋 王 磊[*]

摘　要: 冬奥会作为国际组织规模最大的体育赛事之一，一直是展示国家实力、带动区域经济发展、推广国家形象及促进文化对外传播的重要契机。北京作为2022年冬奥会的主办城市之一，应该充分利用此次机遇，积极对外推广特色文化，提升城市形象影响力。本文基于"中国文化走出去"的国际国内背景，主要论述了北京特色文化应该传播的内容，提出了冬奥会契机下北京特色文化对外传播的有效途径。

关键词: 冬奥会　北京特色文化　对外传播　城市形象

一　以冬奥会为契机传播北京特色文化

近年来，中国国际地位逐步提升，综合国力显著增强，而文化软实力的提升却没有赶上经济发展的步伐。《中国文化软实力研究报告（2010）》显示，我国文化软实力面对的挑战与困难主要集中在文化和经济发展失衡、文化逆差惊人、文化保护和投入不足、优秀传统文化资源利用和开发不完全、

---

* 田凯旋，北京第二外国语学院研究生，主要研究方向为话语分析；王磊，博士，北京第二外国语学院英语学院副院长、教授、研究生导师，主要研究方向为美国外交话语研究、中国官方话语与传播研究。

文化创新不足等几个方面。① 针对以上问题，习近平总书记曾多次在重大会议上强调当前我国依托对外文化传播构建国家形象的重要性和必要性，提出要"讲好中国故事"、传播好中国声音、塑造负责任的大国形象。文化强国、文化兴国等口号的提出要求我们充分利用重大国际事件、重要体育赛事等平台和机遇，传播优秀中国传统文化，扩大中国传统文化和民族文化的国际影响力，提升中国的国际亲和力和认可度。

中华文化博大精深，源远流长，是五十六个民族智慧的凝结和历史的沉淀。每一个民族和地区独特而珍贵的区域文化共同组成了辉煌灿烂的中华文明。古往今来，北京作为六大古都之一，见证了多个王朝的兴衰和朝代的更迭，沉淀了深厚的历史文化底蕴，形成了具有独特魅力的北京特色文化。并且，北京作为中国的经济中心、政治中心、国际交往中心，以其独特的首都地位，对中国国际形象的构建与中国传统文化的传播发挥了重要的影响作用。中国文化的对外传播需要以区域特色文化的传播为依托，而北京特色文化就是具体生动而富有代表性的区域文化，因此，我们应该充分发掘北京特色文化资源，利用好重要的传播渠道和平台，对外推广北京特色文化，构建首都城市文化形象，以期促进中华民族文化的对外传播和国家文化软实力的提升。

冬奥会作为国际奥委会组织的重大国际体育赛事之一，是世界上规模最大的冬季综合性运动会，其参与国遍布世界各地。因此，对于主办国家以及主办城市来说，冬奥会是一次推动相关产业经济发展以及构建和传播国际形象的重要机遇。从 1924 年在法国夏慕尼举办的第 1 届冬奥会到 2018 年在韩国平昌举办的第 23 届冬奥会，参赛团体和比赛项目都在呈上涨趋势，这意味着冬奥会的参与国家在逐步增多，国际影响力也在不断扩大。纵观历史，往届冬奥会的举办国及举办城市都充分利用了这一契机，通过主题的拟定、申奥会徽、吉祥物、宣传片的设计等方式宣传城市特色，突出主办城市优势，例如，平昌冬奥会的吉祥物亚洲黑熊的韩语发音就是一种平昌民谣的谐

---

① 《中国文化软实力研究报告（2010）》，中国网，http://news.china.com.cn/node_7119679.htm，最后访问日期：2019 年 10 月 30 日。

音，这就是传播主办城市特色文化的一种方式。[①] 北京作为 2022 年第 24 届冬奥会的主办城市之一，也应把握冬奥会的重要机遇，打造北京特色文化品牌，彰显独特城市魅力。第 19—23 届冬奥会信息见表 1。

表 1 往届冬奥会信息

往届冬奥会	主办国家及城市	吉祥物	主题曲	参与团体数
第 23 届	韩国平昌	白老虎、亚洲黑熊	《平昌的梦》	92 个
第 22 届	俄罗斯索契	雪豹、北极熊、兔子	My Day	87 个
第 21 届	加拿大温哥华	米加、魁特奇、苏米	I Believe	82 个
第 20 届	意大利都灵	NEVE（雪）、GLIZ（冰）	Because We Believe	80 个
第 19 届	美国盐湖城	雪靴兔、北美草原小狼、美洲黑熊	Light the Fire Within	77 个

资料来源：中国奥委会官方网站，http://www.olympic.cn/games/winter/，最后访问日期：2019 年 10 月 30 日。

二 北京特色文化的对外传播和体育赛事契机下的文化传播研究

对于北京特色文化的研究大都集中在对内传承和创新的角度，或从微观角度将景观文化、京剧艺术等做具体研究，很少有将北京特色文化作为整体品牌，系统地进行对外推广和传播方面的研究。张桃洲主要从历史文化遗产的角度，指出传承与创新京味文化的重要性[②]；王英指出了北京特色文化的优势，并且主要从文化的传承和创新角度提出建议[③]；顾宁、宋靖等人研究

---

① 北京 2022 年冬奥会和冬残奥会组织委员会网站，https://www.beijing2022.cn/，最后访问日期：2019 年 10 月 27 日。
② 张桃洲：《传承与创新"京味文化"》，《北京日报》2018 年 11 月 26 日，第 19 版。
③ 王英：《建设人文北京 打造北京特色文化》，载《论北京文化产业发展——2009 北京文化论坛文集》，2009。

了北京特色建筑四合院的文化内涵①；故宫博物院院长单霁翔针对如何维护北京历史街区文化特色提出了建议②；孙萍分析了京剧艺术对外传播的问题和现状，指出了构建京剧对外传播科学模式的重要性③；刘玉瑶对京剧在国际社交媒体上的传播效果进行了研究④。

以重大体育赛事为契机的研究大多聚焦国家层面，如国家形象的推广、国家文化的传播等，或主要关注体育赛事对相关产业经济的带动作用，对于体育赛事契机下城市文化的对外传播方面的研究很少。杨雪提出了以体育赛事为契机塑造城市主题文化的有效路径⑤；曹淞指出冬奥会为举办国形象传播提供了契机，从战略原则、传播内容及传播路径方面提出了发展对策及建议⑥；林然、付雷指出了我国冰雪运动发展中的问题，提出了以2022年冬奥会为契机带动我国冰雪运动发展的策略⑦；张广瑞指出了以冬奥会为契机发展河北张家口旅游产业的可行性，以期带动张家口城市经济整体发展⑧。

三 北京特色文化的概念界定与分类

民革北京市委将"北京特色文化"定义为"在长期的历史积淀过程中所形成和发展的首都独有的文化资源和艺术形式，它孕育了'爱国、创新、包容、厚德'的北京精神，凝聚了首都和全国人民的优秀文化，并一直以来影响着中国和世界的文化艺术发展"⑨。在此定义中，我们主要聚焦两个关键

---

① 顾宁、宋靖、孙伟：《浅析北京四合院的文化内涵和建筑特色》，《山西建筑》2010年第20期。
② 单霁翔：《维护北京历史街区文化特色》，《中国文物报》2016年3月15日，第2版。
③ 孙萍：《构建京剧艺术对外传播的科学模式》，《艺术评论》2015年第6期。
④ 刘玉瑶：《中国文化国际社交媒体上的传播效果研究——以京剧在YouTube上的传播为例》，硕士学位论文，上海外国语大学，2018。
⑤ 杨雪：《以体育赛事为契机塑造城市主题文化研究》，《文化创新比较研究》2017年第1期。
⑥ 曹淞：《新时代2022年北京冬奥会国家形象传播研究》，硕士学位论文，哈尔滨体育学院，2019。
⑦ 林然、付雷：《以冬奥会为契机加速我国冰雪运动发展的策略》，《冰雪运动》2019年第3期。
⑧ 张广瑞：《以冬奥会为契机谋划未来旅游发展》，《中国旅游报》2018年6月29日，第3版。
⑨ 《促进北京特色文化发展》，《北京观察》2015年第12期。

词"长期的历史积淀"和"首都独有"。首先，北京作为五朝古都，具有三千多年历史的沉淀，这是世界上很多现代化大都市无可比拟的一大优势特色，我们应该充分重视这一优势，将北京的古典之美与历史底蕴在对外传播中展示出来。2018年平昌冬奥会闭幕式上，传递中国文化理念的文艺汇演"北京8分钟"主要运用了先进的科技元素展示了中国的科技实力和现代化水平，而未能过多兼顾中国传统文化及主办城市北京的特色文化展示。① 北京是一座现代与传统相交融的城市，在城市形象的传播过程中，我们不应只关注其现代化的一面，更应充分发掘其优秀的历史文化资源，这是与世界上诸多现代大都市相比的突出优势。其次，"首都独有"一方面将文化的地域范围限定在北京；另一方面将文化内容限定在了"特色"二字，即传播内容应是具有显著区别性的，能够鲜明代表北京的地域文化。

根据北京文化网②和燕京风情网③对北京特色文化的介绍，本文将北京特色文化归为四类进行介绍：皇家文化、民间古建、京城曲艺、京城美食。

（一） 皇家文化

北京作为辽、金、元、明、清五朝古都，拥有850多年的建都历史，形成了独有的皇家文化。紫禁城、坛庙、皇家园林、皇家陵寝等都是北京皇家文化的重要组成部分。紫禁城先后住过明清两朝24位皇帝，是皇家文化的代表，被誉为世界五宫之首。紫禁城宫殿沿一条南北向中轴线排列，三大殿、后三宫、御花园都位于这条中轴线上。这条中轴线不仅贯穿紫禁城内部，而且南达永定门，北到鼓楼、钟楼，贯穿了整个城市，规划严整，极为壮观。坛庙是皇家祭祀文化的象征，包括天坛、地坛、祈谷坛、朝日坛、夕月坛、太岁坛、先农坛、先蚕坛和社稷坛九坛，以及太庙、奉先殿、传心殿、寿皇殿、雍和宫、堂子、文庙和历代帝王庙八庙。故宫内苑、颐和园、

---

① 左为东：《中国文化传播的视觉性构建——以平昌冬奥会"北京八分钟"为例》，《青年记者》2018年第29期。
② 北京文化网，http://www.bjwh.org/html - 706/，最后访问日期：2019年10月30日。
③ 燕京风情网，http://www.oldbj.com/，最后访问日期：2019年10月30日。

圆明园、北海、南苑等皇家园林从侧面反映了历代皇朝的兴盛与衰败。北京著名的皇家陵寝包括明十三陵、景泰陵和房山金陵等则体现了中国古代社会的最高丧葬制度及人们的宇宙观、生死观和道德观。

（二）民间古建

北京的胡同和四合院已经成为代表北京的两种重要文化符号。作为民间居住建筑结构，它们蕴含了诸多的传统文化元素。四合院布局严谨、院落宽敞、历史悠久，是北京的一种传统住宅形式。一方面，四合院有优于其他任何形式建筑的居住环境，宽阔疏朗、起居方便的中心聚落有高度私密性和亲和性，其建筑构造和工艺技术反映出北京民居建筑技术所达到的最高水平。另一方面，四合院"北屋为尊，两厢次之，倒座为宾，杂屋为附"的位置序列又反映了中国古代社会宗法观念、家族制度以及人生道德伦理观念。北京的胡同则是北京城市的脉搏，与普通百姓的日常生活息息相关，诉说着京城历史文化的变迁故事，同时也最能体现北京独特的韵味。著名的北京胡同包括南锣鼓巷、烟袋斜街、帽儿胡同、国子监街、西交民巷等。

（三）京城曲艺

中国国粹京剧是非物质文化遗产，因形成于北京而得名。如今，在世界上，京剧已经成为代表中国和北京的重要文化符号。京剧艺术虽然舞台布景简单，往往只有一桌二椅，却能依靠生、旦、净、丑的生动表现展现出独特的艺术魅力。京剧艺术所表现的大多是爱国情怀、崇德向善、孝悌忠信和礼义廉耻等，对外传播京剧艺术，能够向世界展示戏曲艺术所蕴含的中华民族传统美德和美学精神。[1]

除京剧艺术外，京城曲艺还包括八角鼓、太平鼓、京韵大鼓、北京琴书、北京曲剧、北京皮影戏等，曲艺艺术是地区民俗文化的重要组成部分，往往是了解当地民间生活的一个重要渠道。

---

[1] 刘玉普：《京剧艺术需要大力传承》，《中国京剧》2018年第12期。

（四） 京城美食

饮食文化可以与一个国家或城市的经济、政治、阶级、宗教、民俗等多方面联系起来，通过一个地区的饮食，可以透析其民众的饮食品质、审美情趣、情感活动及社会活动。京城美食种类繁多、数量丰富。《BBC 发现中国美食之旅（北京篇）》中介绍了数种极具代表性的北京美食：北京炸酱面、北京烤鸭、北京民间小吃豆汁、爆肚、豌豆黄等。① 这些美食从选取食材、烹饪方法到食用方法，均体现北京人独特的饮食习俗和美食观念。北京美食的对外推广也将向世界展示美食中蕴含的历史典故、饮食哲理、美学观念等独特文化意蕴，是北京文化对外传播不可缺少的内容。

四　冬奥会契机下北京特色文化对外传播的有效途径

第 24 届冬奥会将于 2022 年在中国北京和张家口举行。作为世界上规模最大的冬季综合性运动会，冬奥会的世界认知度广、参与度高，届时将有大批外国参赛团体及观众来到北京。我们应当充分利用冬奥会的契机，传播北京特色文化，展现北京现代化大都市与历史文化古都相融合的立体形象。

（一） 场馆设计融入特色文化元素

在冬奥会的筹备工作中，"科技奥运"与"人文奥运"两个理念的运用缺一不可，二者结合能够共同推动生动立体的城市形象与国家形象的塑造。一方面，相关体育场馆的内部、外部设计不仅要善于利用高科技元素，展现国家现代化水平，也要适当融入城市特色文化的人文元素，二者有机结合才能突出主办国家及主办城市的特色优势，为外国参赛者及相关人员留下深刻、震撼的印象。另一方面，不仅体育场馆的外观需要符合城市的地域特色

---

① 《BBC 发现中国美食之旅（北京篇）》，http://tv.sohu.com/20130814/n384132674.shtml，最后访问日期：2019 年 10 月 27 日。

和文化底蕴，其内部结构以及装饰方面也要体现该城市的人文精神。北京特色文化中蕴含诸多能够融入体育场馆设计的元素，例如民间经典建筑四合院元素、京剧脸谱的色彩元素、皇家园林和宫殿的设计元素等。国际赛事的体育场馆需要兼具实用性和艺术性，不仅要充分满足比赛项目空间要求和其他功能性需要，还要满足人们的审美需求，恰当融入文化元素。外部设计和内部装饰要能够与城市中其他建筑物相辅相成、统一色彩，还要反映该城市的城市文化和人文特点，所以将城市特色文化融入体育场馆设计中既能够提升其观赏价值，又能够对城市文化的对外传播产生推动作用。①

（二） 推广文化旅游项目

以冬奥会参赛团体及国外观众为目标受众，官方设计北京精品文化旅游项目。一方面，相关部门应该加大志愿者及相关工作人员的培养力度，充分利用北京各种优秀外语人才资源，帮助外国参赛者及游客完成好门票、城市交通、酒店住宿和其他的预订工作，帮助其克服由语言不通导致的各种障碍，更好地方便其参观游览和体验当地特色文化。另一方面，还要做好与旅行社的对接及认证管理工作，设计更多的北京深度游路线，让外国游客不仅能够游览名胜古迹，品尝京城美食，还能够欣赏到像京剧、北京曲剧、京韵大鼓、北京皮影戏等只有在北京才能接触到的独有艺术形式。视觉、听觉、味觉、触觉等多感官的体验能够使其从多角度、更为深刻地了解北京当地的特色文化。带着印象深刻的体验感，国外游客回到自己的国家时，必然会将自己关于北京特色文化的所见所闻分享给身边的家人及朋友，促进北京特色文化在国外的二次传播。

（三） 拓宽多维度的传播渠道

首先，我们要充分运用传统的传播方式，寻找冬奥会与北京特色文化的恰当结合点，将奥运理念与北京人文结合起来，举办主题文艺展演、文化博

---

① 罗强：《茶元素在体育场馆设计风格中的运用》，《福建茶叶》2018 年第 7 期。

览和影视交流等文化活动。其次，还要做好北京特色文化的市场对接工作，激活文化项目与体育产业、娱乐产业、旅游产业等产业的融合运营。加强对北京特色文化资源的挖掘与创新，探寻最富有特色的文化表现元素，将其融入其他产业领域，尤其是与冬奥会相关的体育产业，例如，可以在冬奥会宣传手册、纪念品、运动员用品等产品中融入文化元素。① 在促进相关产业经济发展的同时，开拓特色文化对外传播的重要渠道。最后，要利用好媒体和互联网等传播媒介。开通多语言北京特色文化网站、设计多语种北京特色文化 App，集中向国外参赛团体或游客推介北京特色文化项目，使其可以方便地查询了解当地特色文化，寻找感兴趣的文化内容。鼓励以多媒体形式积极进行对外传播，比如可以通过微信公众号的主题推送、纪录片或短视频的形式宣传北京特色文化。另外，传播不仅限于官方视角，可以尝试从多视角出发来展现鲜明的地域特色和历史文化。

---

① 刘鑫梅、赵禹锡、刘倩：《跨文化传播视阈下我国传统文化对外传播探析》，《传媒论坛》2018 年第 1 期。

"双奥之城"与北京城市形象变迁与发展

王文文 王 磊[*]

摘　要： 2015 年中国成功申办 2022 年冬奥会,北京成为世界上首个
"双奥之城",夏季奥运会的成功举办和冬季奥运会的成功申
办见证了北京城市形象的发展和变迁,为北京展现自身更全
面、更真实的形象,塑造世界城市名片提供了世界舞台。为
成功举办 2008 年夏季奥运会,北京的城市发展与"人文奥
运、科技奥运、绿色奥运"的奥运理念紧密结合,在人文北
京、科技北京、绿色北京的理念下实现新的飞跃;为迎接
2022 年冬季奥运会,北京以其独创性建立具有鲜明特色的城
市形象,促进"双奥之城"品牌的打造。

关键词： "双奥之城"　北京城市形象　变迁与发展

2001 年 7 月 13 日,北京喜获 2008 年奥运会主办权。2015 年 7 月 31 日,
在马来西亚吉隆坡举行的国际奥委会第 128 次全会投票决定,北京成为 2022
年冬奥会和冬残奥会举办城市。2008 年夏季奥运会的成功举办和 2022 年冬
奥会的成功申办使北京成为世界上第一个"双奥之城",这对于中国来说是
向世界展现更真实、更透明的国家形象的重大机遇,对于北京来说是向世界
展现更具鲜明特色的城市形象的重要契机。

---

* 王文文,北京第二外国语学院研究生,主要研究方向为话语分析;王磊,博士,北京第二
外国语学院英语学院副院长、教授、研究生导师,主要研究方向为美国外交话语研究、中
国官方话语与传播研究。

一 城市形象与北京城市形象

城市形象是一个涵盖广泛内容的概念，其中既包括城市所直接展现出来的城市环境，又包括间接反映出来的精神文化、经济水平和城市发展能力，其主要是指人们对城市的整体感受、全面认知和综合印象。北京是一座有悠久历史文化和超千万人口的古都，其作为中国的首都城市，在国内扮演政治和文化中心的重要角色，是有深厚文化底蕴的现代城市的重要代表。许多年前，世界对于北京的印象或许还停留在古老的中华民族积贫积弱，落后于世界发展大势的刻板印象中。2008 年北京奥运会的成功举办是北京迈向国际舞台，接受全世界瞩目，充分向世界展现自己的重要契机，这对中国在世界范围内提升国家形象，北京提升城市形象起到了良好的促进作用，北京的国外主流媒体提名率和国际知名度也得到了大幅度的提升。

在"人文奥运、科技奥运、绿色奥运"的理念下，北京也有了新的城市建设发展战略："人文北京、科技北京、绿色北京。"北京市"十二五"规划纲要曾指出首都北京在成功实现"新北京、新奥运"战略构想之后，开始步入新的阶段，要以科学的战略规划立足新的阶段变化，站在新的起点上开创新的局面，迈向更高的发展水平，着眼建设中国特色世界城市，全面实施"人文北京、科技北京、绿色北京"的规划。[①] 随着时间的变迁，北京的发展已经取得了较大的进步，这也是中国能够再次成功申办冬奥会，打造"双奥之城"品牌的重要原因。2022 年冬奥会的举办又将为全世界打开一扇认识和了解北京的新窗户，使北京更加靠近国际舞台中心，在国内扮演重要角色的同时在中外关系中发挥更加重要的作用，能够更加频繁地以国际都市的形象参与到国际事务中。2022 年冬奥会申办报告序言中提出："2022 年冬奥会如果来到中国，不仅将激发中国 13 亿人民对奥林匹克冬季项目的热情，

---

① 《北京市"十二五"时期社会建设规划纲要》，北京市人民政府网站，http：//www.beijing.gov.cn。

也将推动历史悠久的中华文明同世界各国文明交流互鉴。"① 在奥林匹克精神的引领下，北京以独具特色的城市建设为奥林匹克精神增添了中国特色、北京特色，北京为打造新的城市形象在努力作出新的改变，改善民生、改善卫生环境、改善交通设施、改善旅游条件等。"双奥之城"——北京的发展历史是改革开放辉煌成就的缩影，城市形象的变迁是中国发展、北京发展的最好见证。本文中"双奥之城"——北京城市形象的变迁将紧紧围绕"人文北京、科技北京、绿色北京"的主题进行叙述。

二 "双奥运"与"人文北京"的城市形象变迁

在中华民族辉煌的发展历程中，北京作为大国之都吸引了无数精英，历史上许许多多的文化名人都曾在这片土地上为中华民族的子子孙孙留下珍贵的文化遗产，并推动中国人民奋勇前进，推动中华民族的发展进程。北京以丰富的文化人力资源、丰厚的物质文化资源和厚重的文化题材资源形成首都特有的京味文化。在北京，有传统意义上的街巷胡同、中国历史名人的故居、见证着北京城历史变迁的宫殿和教堂、青砖灰泥堆砌的石砖路、诉说着北京人平和朴素的四合院、显现中国传统的市井文化和带着北京本土味道的特色小吃。在奥运会的契机下，北京与其他国际都市相比以更加具有辨识度的鲜明特点为世界人民留下了深刻印象，更好地传承和保护了城市历史变迁和时代风貌的见证者们。

随着北京与世界日益密切地接轨，展现北京具有悠久历史、特色文化以及中国特色的首都形象，打造世界一流城市形象，提升城市文化竞争力和城市品格显得尤为重要。"人文北京"是北京与奥运理念相结合的发展战略之一，它表示北京在深厚的文化底蕴下"以人为本"的传统文化与"天地人

---

① 《北京 2022 年冬季奥林匹克运动会申办报告》，北京体育大学出版社，2015。

和"的精神理念，强调人文环境与自然、社会和谐相处。[①] 为迎接奥运，奥运场馆"鸟巢""水立方"、奥林匹克公园和首都机场三号航站楼拔地而起，冬季奥运场地等硬件设施逐渐完善，奥运会的志愿活动热情备至，向世界展现了北京热情、豁达、开朗、好客的人文特征。奥林匹克运动在北京的开展，增强了体育活动的社会性、公众性和参与性，使之成为北京市民运动健身的向导。丰富民众体育活动，突破地域限制普及冰雪运动，宣传体育理念和价值观，更新民众体育观念，传播健康生活理念，赋予体育文化新的内涵，使北京更具青春与活力，营造健康、和谐的城市环境，使城市内在形象建设更具竞争力。并且在此基础之上也为北京特色文化的展现增添了城市体育文化的新亮点，赋予北京体育文化新的活力，促进城市体育文化的发展，向世界展示北京特色文化的新形象。"双奥运"不仅可以普及"人文奥运""人文北京"的理念，使北京奥运文化深入人心，还可以为北京留下丰厚的物质文化遗产，促进北京传统特色文化与国际现代文化相结合，使北京城市形象成为北京在国际舞台上角色变迁的重要符号。

三 "双奥运"与"科技北京"的城市形象变迁

为把北京建设成最具影响力的全国科技创新中心，充分挖掘、聚集丰富的国家资源，"科技北京"的发展理念成为拉动北京城市发展的重要引擎。"科技北京"是指北京作为一个现代化的大都市，能够将国内外最先进的技术、思维、精神运用到奥运会建设中，使奥运会成为真正的世界体育盛会。"科技北京"的定位能够使北京充分利用作为一国之都的高端企业和人才集聚的资源，充分发挥优势科技的引领作用，使之有力地推动北京的城市形象创新发展。[②] 完善创新服务平台，促进科研成果的转化，提倡模式创新与

---

① 刘艳芹、张矛矛：《大型运动会与城市形象塑造——以北京奥运会和南京青奥会为例》，《运动》2014 年第 22 期。
② 刘艳芹、张矛矛：《大型运动会与城市形象塑造——以北京奥运会和南京青奥会为例》，《运动》2014 年第 22 期。

技术创新并行，建立完善的科技创新人才政策，加大引进创新人才力度，充分利用优质的创新资源，提高市民出行的便利性，提高运营管理效率。

四 "双奥运"与"绿色北京"的城市形象变迁

人口众多、交通拥堵以及严重的雾霾环境几乎是大城市的通病，十几年前的北京也不例外。十几年前外媒对于"雾都"北京、北京人口和交通拥堵等报道的数量持续增长，环境污染和水资源短缺等问题极大地影响北京在世界舞台上的城市形象。在绿色生态环境理念的指导和举办奥运会的契机下，北京提出"绿色北京"的发展理念，"绿色北京"是指北京重视经济、资源和生态环境的协调发展，重视人们形成绿色有益健康的生活方式，同时注重保护环境。

北京为推进绿色主题，建设绿色城市，也出台了许多有力政策，开展大规模环境整治行动，冲破常规状态下很难甚至不可能冲破的环保阻力，为将奥运环保工作推向更高水平打开了上升通道，使之成为绿色奥运的最有意义的遗产。因地制宜制定策略和措施，落实绿色发展理念先行以实现真正的"绿色北京"。城市的基础设施建设实现跨越式发展，增加和改善城市交通设施，限制私家车辆的出行以降低交通拥堵程度，控制污染物的排放以改善城市空气质量，减少废物的排放及提倡废弃物的再次回收利用，提高能源使用效率和绿化程度，推行天然气能源以代替燃煤能源，实施汽车尾气排放量控制措施，将污染严重的工厂迁出市区，奥运会期间限制或停止重点污染工厂生产工作，实现污染物稳定达标排放，控制或停止建筑工地的施工工作。建造场馆时充分考虑场馆的功能性问题，对奥运遗产进行充分利用，利用其全面的功能举办大型赛事和活动。利用奥运遗产发展旅游文化产业，改善旅游环境，提供周到的旅游引导和咨询服务。结合"绿色奥运"充分发挥生态系统的自净和再生功能，建设隔离区绿化带，增大公园绿地面积，增添富有设计的奥运景观。建立绿色可持续的消费观念，节约资源，反对铺张浪费，提倡绿色的生产和生活方式。

北京2022年冬奥会也将促进"绿色北京"城市形象实现跨越式的发展，冬奥会的举办将促进城市空气质量的进一步改善，通过多种措施治理雾霾问题，为城市涂上"冬奥蓝"。用高铁代替传统出行方式，既降低能源的消耗又节省时间，改善卫生环境，打造干净的赛区环境，为选手们营造和谐的比赛环境，促进北京良好城市形象的推广。

五 "双奥之城"与北京城市形象发展

在2022年冬奥会成功申办的契机下，"双奥之城"——北京再次成为中国文明与世界文明相互交流借鉴的大舞台，中国实现奥运梦想、传播奥林匹克精神的新起点。筹办北京冬奥会是北京文化、中国文化走向世界的进一步升华，是中华民族提高民族自豪感和凝聚力的重要途径。

北京作为现代化的国际都市，城市形象要素早已不只包括文化古都、历史名城和经济发展水平等方面，城市形象越来越同生态环境、空气污染程度、能源利用率、绿化程度、公共交通设施和城市基础设施的建设水平、高等教育发展水平、科技创新水平以及旅游等方面的服务业发展水平联系在一起。2008年北京奥运会的成功举办从方方面面带动了北京城市形象的快速建设和大跨度发展，提高了北京城市形象在国际上的媒体能见度和媒体曝光率。北京是继续影响和改变世界对中国的印象和体验的重要窗口。2008年奥运会是北京建设良好城市形象的一个难得的历史性战略机遇。通过宣传和传承北京特色文化，融合传统文化与体育文化新亮点，为北京塑造国际化体育中心城市的新形象添上浓墨重彩的一笔；通过宣传奥运理念传播绿色、健康、向上的城市观念，推广低碳绿色的出行方式，实施节能环保的资源利用措施，为北京的绿色发展再添一笔。借助国际大都市所具有的科技创新优势，不断提高自主创新能力，为走向世界提供强劲的动力，加快世界科技中心建设的步伐，推动城市发展和城市形象建设。2022年冬奥会的成功申办能够充分利用2008年奥运遗产，打造北京"双奥运"城市形象品牌，提高国家和城市举办国际赛事的能力，密切北京与世界的双向互动，再次充分刷新世界对自信、开放、从容、积极、向上的北京城市形象的认知。

参考文献

陈丹：《视觉传播如何构建国家形象——基于 2022 年北京冬奥会申奥片的分析》，《传媒》2019 年第 10 期。

陈红梅、王颖、方淑芬：《奥运会对举办城市的影响研究》，《特区经济》2006 年第 6 期。

陈焱、朴根秀：《2008 年奥运会后北京作为旅游目的地形象的研究》，《内蒙古师范大学学报》（哲学社会科学版）2012 年第 1 期。

冯霞、尹博：《北京奥运文化传播与城市推广》，《广州体育学院学报》2007 年第 1 期。

高金平、王纪澎：《奥运光环下北京的嬗变——2009—2016 年国外主流媒体关于北京报道的分析报告》，《现代传播》（中国传媒大学学报）2017 年第 6 期。

汤平：《奥运缔造北京城市新形象——专访北京市发展和改革委员会副主任卢映川》，《投资北京》2007 年第 6 期。

刘维新：《塑造我国城市形象的意义和作用》，《中国城市经济》1999 年第 1 期。

孙科：《2022 北京冬奥会：改革·转型·引领——易剑东、张斌对话录》，《体育与科学》2015 第 5 期。

王大勇、王军：《2008 年奥运会对北京城市形象与景观的影响》，《体育文化导刊》2007 年第 8 期。

王铁城：《塑造世界城市的文化名片——北京城市形象研究》，《艺术设计研究》2012 年第 9 期。

王宁、张璐、曹斐：《英国媒体中的北京形象：基于〈泰晤士报〉2000—2015 年的框架分析》，《西安外国语大学学报》2017 年第 4 期。

徐飞：《"双奥之城"的机遇与挑战》，《北京观察》2017 年第 4 期。

易剑东、王道杰：《论北京 2022 年冬奥会的价值和意义》，《体育与科学》2016 年第 5 期。

张翠丽：《从人文视角看后奥运时代的北京旅游城市形象塑造》，《商场现代化》2009 年第 8 期。

朱锋：《"后奥运时代"与推进北京的"城市形象"建设》，《北京观察》2008 年第

11 期。

朱晓楠:《奥运话语与国家形象建构——从北京到伦敦》,《长沙大学学报》2014 年第
    4 期。

张桃洲:《传承与创新"京味文化"》,《北京日报》2018 年 11 月 26 日,第 19 版。

赵永华、李璐:《国际受众对北京城市形象的认知与评价研究——基于英语受众的调查分
    析》,《对外传播》2015 年第 5 期。

国际交往篇

Reports on International Communication of Beijing

"一带一路"背景下北京国际交往中心建设及对外传播能力提升

王延波*

摘　要： "一带一路"建设不仅着眼于国际，还与国内改革开放相辅相成、相互促进，同地方的发展和对外合作也具有密切关系。在"一带一路"建设进入高质量发展新阶段的大背景下，北京面临更加有利的发展机遇，可抓住契机推动国际交往中心建设、提高对外传播能力，重点从"讲什么"、"谁来讲"和"怎么讲"三个方面发力，有效地提升国际影响力。

关键词： "一带一路"　国际交往中心　对外传播能力

当今世界正经历百年未有之大变局。在深刻而巨大的变化面前，习近平

---

　* 王延波：外交部国际经济司副处长，硕士，主要研究方向为"一带一路"对外合作。

主席洞察国际大势，着眼于构建我国全方位对外开放新格局，推动构建人类命运共同体，于2013年提出了共建"一带一路"的广泛国际合作共识。经过6年的共同努力，中国同有关各国携手绘就了一幅气势磅礴的"大写意画"，推动"一带一路"建设取得积极进展和丰硕成果。

作为我国进一步扩大对外开放和对外经济合作的总规划，"一带一路"建设不仅着眼于国际，还与国内改革开放相辅相成、相互促进，同地方的发展和对外合作也具有密切关系。不少地方围绕"一带一路"建设精心"做文章"，充分发挥自身优势，在城市建设、对外合作等方面获得显著成效。

北京市作为"一带一路"建设的积极参与者和贡献者，面临重要发展机遇。特别是通过承办两届"一带一路"国际合作高峰论坛，北京的国际影响力和对外交往层级进一步提升，在国际交往中心建设方面获得不少经验和助力。建设国际交往中心是国家赋予北京的重要发展定位，体现了国家意志，立足当前更着眼长远，高度契合"一带一路"背景下北京自身发展的需要，是北京发挥自身优势的必然发展方向。

从国家层面讲，北京是首都，是政治、文化中心，已然是全国范围内当之无愧的国际交往中心，这是任何其他地方都无法企及的优势。国家层面开展的国际交往活动，包括在什么地点举办、举办什么活动、如何办好活动等，体现的是国家的决策部署和政治设计。近年来，在北京举办的亚太经合组织领导人非正式会议、"一带一路"国际合作高峰论坛、中非合作论坛北京峰会、亚洲文明对话大会等重要国际活动，无一不是国家意志的体现。北京主要是从场馆等硬件设施、会议服务等软件设施两方面提供保障工作。

从地方层面讲，北京凭借首都的天然优势，充分发挥历史文化、科技创新等资源优势，也在主动拓展对外交往的层级和范围。京交会、科博会、文博会等，已然成为北京作为国际交往中心的"亮丽名片"。此外，还有大量在北京举行的各类国际会议，都是北京国际交往水平提升的重要内容和体现。通过这些活动，北京一方面显著提升了城市建设和治理水平，树立了良好的国际形象；另一方面大量的国际交往活动也有效地促进了北京经济社会的发展，比如对酒店、旅游、消费等的拉动作用十分明显。

由此可见，北京国际交往中心建设一方面应对标和适应中国国际地位和影响力显著提升的新变化、新要求，提供更好的服务保障国家层面的对外交往任务，做好"国家的事"。另一方面，应更加深入挖掘自身优势，丰富城市形象和内涵，更好地提升主动性，规划设计更多亮点，做好"北京的事"。在"一带一路"建设进入高质量发展新阶段的大背景下，北京面临更加有利的发展机遇，很重要的一点就是加强对外传播能力建设，体现国际影响力。结合"一带一路"建设的现实需要，北京可考虑重点在以下三方面发力。

首先，解决好"讲什么"。习近平总书记多次指出，要讲好中国故事，传播好中国声音。内容是对外传播的核心，没有高质量的内容就谈不上有效的传播，也无法实现既定的交往目标。如果说国家要讲好中华民族伟大复兴、中国发展的故事，那么北京就应讲好城市发展建设、老百姓幸福生活的故事。比如结合北京旧城改造、首钢搬迁等事实，从众多个人的事例、企业的发展出发，讲好北京科学发展、可持续发展、绿色发展等多层面、多视角的故事，既亲切真实，又容易令人信服。

其次，解决好"谁来讲"。顺利开展国际交往活动，关键是找到合适的"发言人"。虽然现在参加国际活动的人员大大增加了，但真正具备适当水平和能力，特别是在国际舞台和媒体聚光灯下会讲话的人才还是十分稀缺，对外界的影响力自然有限。一些人虽然频频在各类活动上发声，但针对性不强、效果差，反而很可能会起反作用。北京应充分发掘首都的人才优势，建立具备国际化元素和视野的人才库，统筹优化使用。

最后，解决好"怎么讲"。在国际交往中心建设中提升对外传播能力，根本是在做好谋划设计的前提下抓好组织实施。写好一份规划、创新一种思路，这只是事情的开始，最难、最核心的还是明确主体责任和实施路径。比如，由哪个部门负责"组织编写北京故事"、选择哪些人负责"讲好北京故事"、设计哪些平台打造为"北京特色平台"、如何用好新媒体等，都需要有落地的部门和举措。另外，北京已与大量的国外城市结为友好城市，若能在礼仪性、一般性的交往基础上进一步提升合作内容和水平，把友城关系做深做实，也将对国际交往中心建设产生重要影响。

参考文献

《习近平在"一带一路"国际合作高峰论坛开幕式上的演讲》，新华社，2017 年 5 月 14 日，http://www.xinhuanet.com/politics/2017-05/14/c_1120969677.htm。

《习近平在第二届"一带一路"国际合作高峰论坛开幕式上的主旨演讲》，外交部网站，2019 年 4 月 26 日，https://www.fmprc.gov.cn/web/zyxw/t1658316.shtml。

《推动共建丝绸之路经济带和 21 世纪海上丝绸之路的愿景与行动》，商务部网站，2016 年 1 月 26 日，http://www.mofcom.gov.cn/article/i/dxfw/jlyd/201601/20160101243342.shtml。

《习近平出席全国宣传思想工作会议并发表重要讲话》，新华社，2018 年 8 月 22 日，http://www.gov.cn/xinwen/2018-08/22/content_5315723.htm。

《共建"一带一路"倡议：进展、贡献与展望》，新华网，2019 年 4 月 22 日，http://www.xinhuanet.com/2019-04/22/c_1124400071.htm。

新时代的国际交往与北京角色

——北京城市国际品牌形象研究

曲 茹*

摘 要： 准确定位城市形象是国际品牌形象设计与传播的前提。本文从分析外部的政治、经济、社会等环境因素出发，将北京城市形象置于国际事务影响力、经济发展驱动力、生态环境保护力、文化符号传播力和赛事展会辐射力的五维框架模型中，分别审视北京在以上领域的舆论呈现与观感，继而为优化北京作为"国际交往中心"的品牌形象建言献策。

关键词： 北京城市品牌 北京国际形象 国际事务影响力 文化符号传播力

一 北京国际形象研究的价值和核心结论

20世纪80年代起，北京承担起日益重要的国际交往主场作用。党中央、国务院对北京城市规划总体方案的批复，多次强调北京为国家对外交往创造良好条件的作用。这就要求北京市高度重视自身品牌形象，承担起党和国家赋予的使命。

党的十八大以来，北京作为政治、文化和国际交往的中心城市，承担的

---

* 曲茹，北京第二外国语学院教授，博士，首都对外文化传播研究院院长，主要研究方向为新闻学与国际传播。

首都核心功能更加明确。加强对"国际交往中心"品牌的建设，有助于进一步提高北京的全球影响力，为实现中华民族伟大复兴的"中国梦"，作出首都应有的贡献。

北京的国际事务影响力在服务全球领导人会议中得到了集中展现，中非合作论坛北京峰会与"一带一路"国际合作高峰论坛等高规格活动，助推全球重要经济体在经贸、环保、人文等多个领域达成广泛的合作，体现了北京作为大国首都的政治影响力。

北京的高质量发展对国内外经济增长具有重大意义。作为全国顶尖经济学家的聚集地，北京是诸多顶层经济决策的诞生地。经济学家对北京城市发展、疏解非首都核心功能的成果予以积极肯定，同时指出，城市发展应以人为本，对政策落实中的难点需避免"一刀切"。

承担起日益繁重的政治、经贸角色后，北京的生态环境保护也成为国家级的课题，是首都形象的直观组成部分。"蓝天保卫战"提升了全社会对大气污染防治的重视程度，治理虽初见成效，但舆论对北京的生态环境保护的期待亦进一步升级，北京污染防治仍大有可为，对提升国际品牌形象具有不可忽视的价值。

作为历史文化名城，北京在长期的发展建设中积累了大量的文化符号。在传播过程中，北京城市形象的部分元素得到加强，而另外一些则被有意或无意地忽视。增强文化符号传播力，需要在当代积极正面的文艺品牌传播推广上下功夫。

2018年1月至今，中共中央机关报《人民日报》对在京举办的逾17项国际赛事展会刊发专文报道（标题中体现展会名称）。报道中，创新、贸易、合作和文化等词语成为多项活动的共同高频词，为北京的城市国际形象增添亮色。

舆论既是对北京国际交往角色的反馈，也对城市形象的建构产生影响。鉴于此，本文聚焦北京城市国际品牌的舆论形象，从媒体和公共话语的角度，提出优化城市国际品牌的策略与建议。

二 北京城市定位的演变

从 20 世纪 80 年代起，北京城市建设总体规划中的国际交往角色逐渐明晰。党中央、国务院 1983 年批复的方案就强调了首都为我国国际交往创造良好条件的作用。1993 年、2005 年分别发布的阶段性城市总体规划显示，保障国家机关开展国际交往、为日益扩大的国际交往服务，已是北京责无旁贷的使命。

2014 年 2 月，中共中央总书记习近平视察北京并发表讲话，对北京的核心功能，作出明确的战略定位，要求坚持和强化北京作为全国政治中心、文化中心、国际交往中心、科技创新中心的核心功能，深入实施"人文北京、科技北京、绿色北京"战略，努力把北京建设成为国际一流的和谐宜居之都。2017 年 9 月，中共中央国务院批复同意《北京城市总体规划（2016 年—2035 年）》，强调要深入推进京津冀协同发展，打造以首都为核心的世界级城市群（见图 1）。北京四个"中心"的战略定位得到顶层规划认可。

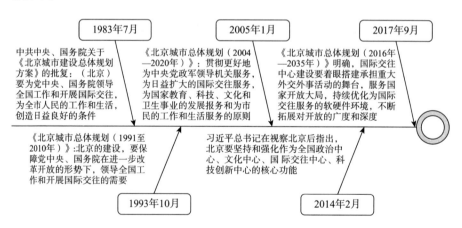

图 1　改革开放后北京城市定位演进时间轴

资料来源：笔者绘制。

三　媒介中的北京国际品牌形象

笔者将政治、经济、环境、文化、赛事展会等评估外部宏观环境的常规要素，转换为评估城市形象的五维模型（见图2）。在此框架下，分别采集中央级新闻媒体、国际人士和国内意见领袖对相关维度下主要话题的观点与评论，汇总形成舆论观点数据库，进而提炼北京城市国际形象的特征。

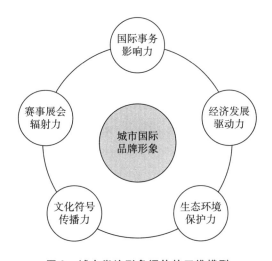

图2　城市舆论形象评估的五维模型

资料来源：笔者绘制。

（一）国际事务影响力

以北京承担的主场外交功能为切入点，分析北京在服务国际交流中形成的口碑特征。

近年来，在北京举办的顶级外交活动不胜枚举，成为北京城市品牌构建的重要核心资源。以中非合作论坛北京峰会、"一带一路"国际合作高峰论坛、亚洲文明对话大会、北京香山论坛四项盛会为例，综合分析主要传播渠道的信息量发现，中非合作论坛北京峰会与"一带一路"国际合作高峰论坛传播热度接近，两次论坛均覆盖经贸、环保、人文等多个合作领域。而亚洲文明对话大会、北京香山论坛等活动虽然规格也极高，但涉及领域相对单一，因而传播热度也相应偏低（见表1）。

表1 从高端国际会议看北京国际事务影响力

会议举办日期	会议名称	传播监测期	传播热度	合作领域
2018年 9月3日—4日	中非合作论坛北京峰会	8月29日— 9月28日	102.14	经贸、环保、卫生、人文、军事
2019年 4月25日—27日	"一带一路"国际合作高峰论坛	4月20日— 5月20日	101.88	经贸、环保、人文、金融
2019年 5月15日—22日	亚洲文明对话大会	5月10日— 6月10日	76.57	文明文化
2018年 10月24日—26日	北京香山论坛	10月20日— 11月20日	42.52	军事国防

注：传播热度通过统计该活动在新闻网站、报刊、客户端、微信、微博五个渠道的传播量，加权汇总得出。

资料来源：笔者根据相关资料整理得出。

北京对国家主场外交的全方位鼎力支持，经受住各方检验，得到中共中央机关报的认可。举例来说，中非合作论坛北京峰会共有54个论坛成员代表参会，包括40位总统、10位总理、1位副总统以及非盟委员会主席；与会的非洲各国正部长级高官达249位。为了做好会议保障工作，北京市摸排问题点位6800余个，编制《2018年中非合作论坛北京峰会环境整治提升问题台账》，逐一开展整治提升，做到了问题台账清零。[①] 据《人民日报》介绍，中非合作论坛北京峰会期间，从首都国际机场到长安街沿线，布置的25处主题花坛、1000万株地栽花卉，以及迎风飘动的宣传道旗，营造出浓浓的中非友好氛围。北京市城市照明管理中心华灯班的工人在炎热的6月至8月，对253基华灯、6000多个灯球进行了清洗和巡检。此外，来自32所高

---

① 孙新军：《履行国际交往中心服务职责的成功实践——中非合作论坛北京峰会城市环境和运行保障做法与思考》，《城市管理与科技》2018年第5期，第6—11页。

校和部分国有企业的 2500 多名志愿者更是提供了周到贴心的服务。[①]

新闻媒体对主场外交活动的报道,与北京塑造的国际形象形成了传播共振。以"一带一路"国际合作高峰论坛为例,新闻媒体中呈现的关键词显示,"合作"成为最突出的词语,此外,国家领导人出席开幕式与主旨演讲亦广受瞩目,"互通""绿色""开放""收获"等关键词使用频率较高(见图 3)。

图 3 "一带一路"国际合作高峰论坛新闻报道高频词

资料来源:笔者绘制。

从新浪微博中涉及北京主场外交的内容中抽样,结果显示,网民对此类活动的评价较多使用"高端大气""合作共赢带来新机遇""读出'一带一路'的大国气概和情怀""共同发展""奋进新时代"等语句,显示出满满正能量和对这类外交盛会的支持。

(二)经济发展驱动力

通过研判在京举办或发布的经济研讨活动、经济运行数据等的舆论反馈,评估北京在助力世界经济增长和贸易往来中的角色与作用。

有研究发现,北京的经济竞争力在国内并非独占鳌头。中国社会科学院 2019 年 6 月发布的《中国城市竞争力第 17 次报告》认为,2018 年城市综合

---

① 朱竞若、贺勇:《北京热情迎嘉宾》,《人民日报》2018 年 9 月 1 日,第 2 版。

经济竞争力指数十强中，北京位列第五，前四位依次是：深圳、香港、上海、广州。在城市宜商竞争力的排名中，香港、北京、上海位列前三，引领总体宜商竞争力。①

著名经济学家在京的研讨交流，是北京经济发展驱动力的重要表征之一。以"中国经济50人论坛"为例，该论坛由中国著名经济学家于1998年6月在北京共同发起，聚集了中国具有一流学术水准、享有较高社会声誉并致力于中国经济研究的近50位著名经济学家。刘鹤、吴敬琏、易纲、段永基等担任论坛学术委员会、企业家理事会成员或召集人。自2000年起，中国经济50人论坛在人民大会堂、长安俱乐部、钓鱼台国宾馆等场馆多次举办年会，主题切中中国经济发展与改革的重大问题，从加入世贸组织后的国家发展战略，到保持经济实现"六稳"，统合政商学研各界力量，为驱动经济发展献策献力（见表2）。这些研讨成果受到国际社会的广泛关注，被视作解读我国经济战略的风向标。

表2 中国经济50人论坛年会主题

场次	日期	主题
1	2000年2月2日	中国经济发展应更加注重体制的改革与创新
2	2001年12月24日	新世纪中国经济展望
3	2002年	入世后，中国发展战略的思考
4	2003年1月17日	入世一年的回顾与思考
5	2004年2月27日	走向世界的中国经济
6	2005年2月17日	发展：经济增长与收入分配
7	2006年2月11日	新阶段中国改革发展的主要特征与挑战
8	2007年1月6日	大国发展中面临的挑战
9	2008年2月10日	世界经济展望与中国面对的重大问题
10	2009年2月16日	全球化趋势与中国的科学发展
11	2010年3月1日	"十二五"规划：改革与发展新阶段

---

① 倪鹏飞、徐海东：《中国城市宜商竞争力报告显示：中心城市引领都市圈竞争力提升》，《经济日报》2019年6月24日，第6版。

场次	日期	主题
12	2011 年 2 月 19 日	为"十二五"规划开好局起好步的几个重大问题
13	2012 年 2 月 14 日	2012 的机遇与风险——世界的动荡与中国的发展
14	2013 年 2 月 17 日	改革的重点任务和路径
15	2014 年 2 月 10 日	突破难点,推动改革
16	2015 年 2 月 14 日	新常态下的"十三五"规划思路
17	2016 年 2 月 19 日	深化供给侧结构性改革,全面提升发展质量
18	2017 年 2 月 15 日	深化供给侧结构性改革——产权、动力、质量
19	2018 年 2 月 25 日	从高速增长到高质量发展
20	2019 年 2 月 16 日	如何实现"六稳",保持经济长期向好

资料来源:中国经济 50 人论坛网站,http://www.50forum.org.cn/home/article/index/category/nianhui.html。

北京聚焦首都核心功能的成就,已获得国内外舆论认可。《科技日报》撰文指出,在布局基础研究的道路上,北京一直走在全国前列,始终坚持面向世界科技前沿、经济主战场和国家重大需求,紧紧围绕基础科学研究和关键核心技术全面发力,不断增强源头创新能力和技术引领能力,取得一批重大原创性科学成果。[①]《经济日报》认为,从集聚资源求增长到强化核心功能谋发展,昔日一度"臃肿""老态"的北京"瘦身健体",如今"元气满满"。该报还引用世界银行高级经济学家马尔钦·皮亚考斯基的评论称,"在北京,开办企业的整个成本是 0 元,全球能够做到零成本开办企业的只有两个城市,北京是其中之一"。[②]

也有观点认为,强化首都核心功能依然任重道远。经济学家周其仁在接受采访时提出,中国今天国际地位提升,国事国务活动对首都提出新要求。北京的当务之急,是先把首都核心区做达标。(一些)大机关、大央企、大部门,并不承担首都核心职能,却在核心区里占据过多资源。从这方面去

---

① 华凌:《北京:科技创新编撰发展图鉴》,《科技日报》2019 年 8 月 19 日,第 3 版。
② 李力、杨学聪、沈慧、朱轶琳:《首都扬帆启新程——北京市加快探索高质量发展之路》,《经济日报》2019 年 4 月 8 日,第 1—2 版。

清，见效快。① 中国城市发展研究院院长严奉天表示：必须认清疏解非首都核心功能是一个长期的过程，不能一蹴而就。北京在疏解过程中也存在一些"一刀切"的现象，没有充分考虑到这些功能中有很多是为北京居民服务的，在疏解的同时影响了本地居民的生活品质。在城市治理过程中需要遵循经济社会发展的客观规律，发挥政府顶层设计、引导实施的推力作用，有效运用市场的利益诱导机制，坚持政府与市场双手发力，协调各方利益关系，让广大人民群众切实感受到疏解与提升带来的好处。②

（三）生态环境保护力

生态保护和应对气候变化已成为全球治理中的重要课题。通过分析专家与意见人士对北京环保的评价，得出北京在生态环境方面的舆论形象。

1. 政府对污染防治的监管趋严趋实

20 世纪 90 年代中期以来，北京市的大气污染从煤烟型过渡到煤烟型污染、机动车排气污染、工业污染、土壤尘降等并存的复合型，可吸入颗粒物污染问题逐渐突出。③

1991 年 2 月，北京市政府致函中国奥委会，正式提出北京市承办 2000 年第 27 届奥林匹克运动会的申请。1998 年 12 月，经国务院同意，北京市开始实施控制大气污染紧急措施。1999 年 10 月，国务院批准《北京市环境污染防治目标和对策（1998—2002 年)》，用国债 60 亿元支持北京市的大气污染治理。

促进国际交往的角色与使命，反作用于北京的生态环境保护。2001 年，北京市获得第 29 届夏季奥运会举办权，提出"绿色奥运、科技奥运、人文奥运"三大理念，环境保护工作迎来新机遇。2013 年 1 月 1 日起，北京市在

---

① 刘玉海：《改革开放 40 周年，周其仁再谈改革："大象感冒，不能只拿小勺喂药"》，《经济观察报》2018 年 2 月 26 日，第 33 版。
② 夏晨翔、颜世龙：《中国城市发展研究院院长严奉天：城乡建设要"以人为本"》，《中国经营报》2018 年 1 月 1 日，第 47 版。
③ 王锦辉：《北京大气污染的加剧及治理》，《北京党史》2014 年第 4 期，第 37—38 页。

全国率先开始实施新的《环境空气质量标准》，正式监测并实时发布 PM$_{2.5}$ 数据。2014 年"APEC 会议"，北京、天津、河北、山东、山西、内蒙古等七省区市开启了第一次尝试，环保部门跨区域、跨部门联合会商空气质量问题。

绿水青山既是金山银山，也是提升居民幸福感的重要维度。近年来，国家和北京市对生态环境保护的制度设计和政策规划愈发完善。2018 年全国两会后，应急管理部、生态环境部等部门成立，在各地爆发的重大安全生产事故、交通事故、环境生态事故和自然灾害事故等突发公共事件的处理过程中，政府的应急处置能力和综合救灾、防灾、减灾的能力得到提升，生态环境污染的常规治理和巡视力度有所加强。2018 年 7 月，《中共北京市委北京市人民政府关于全面加强生态环境保护坚决打好北京市污染防治攻坚战的意见》出台，提出"把党中央、国务院关于首都生态文明建设的重大部署和重要任务落到实处，让良好生态环境成为市民幸福生活的增长点，成为经济社会持续健康发展的支撑点，成为展现我国和首都良好形象的发力点"①。破解环境污染难题，推进生态文明建设，对于构建以首都为核心的世界级城市群、促进京津冀协同发展，具有重要的战略意义和现实价值。

2019 年 6 月，生态环境部发布《大型活动碳中和实施指南（试行）》，规定"碳中和"的相关要求和具体流程。同月，北京冬奥组委向全球发布《北京 2022 年冬奥会和冬残奥会低碳管理工作方案》，积极倡导绿色低碳生活方式，创造奥运会碳普惠制的"北京案例"，提出冬奥会实施低碳管理的具体举措。

2. 舆论对污染治理成效抱较高期待

鉴于首都的重要地位和使命，专家学者对北京治理污染、改善环境寄予厚望，并积极出谋划策。北京市社科院市情调研中心副主任陆小成研究员认为，北京需要在生态文明建设中占领主导性的战略地位，在国际舞台

---

① 《中共北京市委北京市人民政府关于全面加强生态环境保护坚决打好北京市污染防治攻坚战的意见》，《北京日报》2018 年 7 月 14 日，第 3 版。

上展现出积极姿态，展现北京建设中国特色世界城市的风采和形象，需要加快改变传统的高消耗、高排放、高污染的发展模式和不良形象，需要加快生态文明建设与绿色低碳发展。[①] 中国工程院院士、清华大学环境学院院长贺克斌教授认为：应加速制定北京空气治理中长期行动计划，把北京蓝天保卫战的三年行动计划跟北京的新版总规、京津冀协同发展、冬奥会等统领起来。[②]

网民群体既关心生活中的污染情况，也对环境治理的进步反响热烈。收集2019年1月至7月新浪微博中涉及"北京"和"污染"的帖文，转发数和评论数居前的10条微博里，有5条反映确实存在的污染情况，包括空气橙色预警、垃圾违规就地填埋、臭氧污染、偷排污水等。另有2条反映污染防治成效的微博获得网民踊跃转发、评论，分别是关于春节禁放烟花，以及上半年空气质量改善的情况（见表3）。

表3　包含"北京"和"污染"转评数居前的微博

发布时间	微博内容	新浪微博账号	转发数	评论数
2019/2/23	【空气重污染橙色预警：北京公交车要熄火等红灯】记者23日从北京公交集团获悉，北京启动空气重污染橙色预警后，北京公交车被要求在较长红灯期间熄火等待，以减少车辆原地怠速运行所产生的尾气排放。根据公司政策，司机每个月节约燃油可以享受节油奖励，奖励金额能占到月工资的3%—5%	新华视点	1	498
2019/4/16	#北京身边事#【北京"挖野菜大军"出没各大公园 园方提醒：中水浇灌重金属超标！】近日，北京各大公园迎来了一群挖野菜的人。有大爷称"纯天然、无污染"。然而园方提醒：所有园内植物都会喷洒农药，且全部为中水灌溉，也就是盥洗、厕所等生活废水集中处理后的水，被浇灌的植物均不适宜食用	北京热门全搜罗	1	214

① 陆小成：《构建绿色低碳的京津冀世界级城市群》，《中国城市报》2018年8月20日，第19版，http://paper.people.com.cn/zgcsb/html/2018-08/20/content_1876253.htm。

② 贺克斌：《北京应加速制定空气治理中长期行动计划》，新京报网站，2019年1月19日，http://www.bjnews.com.cn/news/2019/01/19/541179.html。

发布时间	微博内容	新浪微博账号	转发数	评论数
2019/7/19	#北京身边事#【#朝阳群众举报开发商垃圾就地掩埋#网友：厉害了，我的朝阳群众！】近日，北京朝阳北花园小区居民反映，小区开发商将无法处理的建筑垃圾全部就地掩埋，填埋点距通惠河仅 15 米，两台挖掘机 6 月 20 日起昼夜不停施工，对环境造成极大污染。社区负责人：已对开发商开具罚单并责令清理	北京生活热点资讯	931	
2019/3/7	【韩国首尔重度雾霾怪中国　陆慷：北京好像没这么多［摊手］】由于接连的雾霾极端天气，韩国首都 $PM_{2.5}$ 达到 147 微克/米^3，首都圈内已连续六日施行减排措施。韩国国内认为来自中国的空气污染物是导致韩国严重雾霾的主因，对此，外交部发言人陆慷 6 日在例行记者会上回应称，不知道韩国方面是否有充分依据，这两天北京的相关数值好像没这么多	北京人的那些事儿	843	
2019/7/17	#北京生活#【今年上半年北京全市空气质量进一步改善，#北京 $PM_{2.5}$ 平均浓度历史最低#】记者从北京生态环境局获悉，2019 年上半年，北京全市空气质量进一步改善，四项主要污染物浓度均创历史同期最低水平。其中，$PM_{2.5}$ 平均浓度为 46 微克/米^3，同比下降 13.2%。空气质量达标天数 113 天，占比 62.4%	北京热门搜罗	782	
2019/6/26	#北京身边事#【#北京全市现臭氧污染# 专家：体弱人群或感不适】6 月 23 日，@生态环境部称，24 日至 26 日，京津冀及周边区域中南部以臭氧轻至中度污染为主，个别城市可能出现重度污染。@北京环境监测预计，25 日至 27 日，北京将持续出现臭氧污染	北京热门头条新闻	725	
2019/2/11	#北京生活#【禁放措施收效明显春节北京 $PM_{2.5}$ 浓度较上年降一半】根据北京市环境保护监测中心的消息，2019 年春节期间，受烟花爆竹禁限放措施以及较为有利的扩散条件共同影响，北京市空气质量较好。其中，今年空气质量 4 天 1 级优，2 天 2 级良，1 天 3 级轻度污染，达标 6 天，同比增加 5 天。另外，今年除夕至初六，北京 $PM_{2.5}$ 平均浓度为 38 微克/米^3，比去年的 78 微克/米^3 降低 40 微克/米^3，降幅为 51.3%。（中国新闻网）#百城过大年#北京同城	北京热门搜罗	651	

续表

发布时间	微博内容	新浪微博账号	转发数	评论数
2019/4/17	【传新能源车重大政策［话筒］北京无车家庭可不拍牌买车？】近期市场传言，发改委可能会继续出台新的政策促进新能源汽车行业发展。传闻内容如下：①限牌城市牌照大幅扩容，如北京翻倍，增加部分几乎全给新能源；②北京、上海无车辆的家庭可直接不拍牌买第一辆车；③出台大气污染专项基金，换新能源车的车主直接给补贴；④对重点污染城市，出租车和网约车在 2020 年之后 80% 换成新能源车，并给快速通道享受高速和过路费优惠	北京人不知道的北京事儿	622	
2019/7/13	北京朝阳区万科青青家园及其附近小区大量住户出现腹泻呕吐发烧疫情，一天内已经有 100 多住户，几百人发病，很多都是一家几口人同时中招，怀疑是自来水受到污染。目前，卫健委已经介入，采水取样送检，暂时还没有结果。出现疫情的小区用的都是通润水务公司的水，请附近的人注意	我不是谦哥	602	
2019/7/20	#北京身边事#【北京朝阳区 107 人感染诺如病毒调查发现 10 人偷排污水！被刑拘！】@北京朝阳通报：7 月 5 日至 7 月 18 日，检测出诺如病毒感染阳性 107 人，已痊愈 93 人。在北京朝阳豆各庄地区疫情调查发现，高某、彭某、李某等 10 人向路面雨水井内偷排偷放未经处理的生活污水，涉嫌污染环境罪，已被刑拘	北京微城事	563	

注：监测周期为 2019 年 1 月 1 日—7 月 31 日。

资料来源：笔者整理所得。

（四）文化符号传播力

北京作为古都，其文化传播具有明显的历史性特征。笔者对留学生群体的调研显示，历史遗迹、特色饮食和文学艺术类的城市符号认可度居前三位，是留学生对北京形象的感知中最突出的部分（见表 4）。在"最能代表北京城市形象的十大文化符号"中，属于历史遗产或传统典范的符号最多，包括故宫、长城、胡同、天坛、颐和园等。[1]

---

[1] 曲茹、邵云：《北京城市形象及文化符号的受众认知分析——以在京外国留学生为例》，《对外传播》2015 年第 4 期，第 48—51 页。

表4　北京城市符号类型在留学生心目中的分布状况

单位：人，%

排序	符号类型	人数	比例
1	历史遗迹	538	75.03
2	特色饮食	358	49.93
3	文学艺术	314	43.79
4	知名学府	292	40.73
5	名街古巷	283	39.47
6	现代地标	278	38.77
7	城市活动	203	28.31
8	创意园区	193	26.92
9	民风民俗	147	20.50
10	公共设施	101	14.09
11	本土品牌	56	7.81
12	时事人物	29	4.04

资料来源：笔者根据调研结果整理制成。

与笔者研究结论相似，北京师范大学于丹教授牵头的研究邀请受访民众以91个文化符号作为测量指标，进行五分制（最高5分，最低1分）评分，考察每个指标代表北京文化符号的程度（见表5）。统计结果显示，北京城市文化符号前十位多是传统意义上的政治文化符号和皇家文化符号；得分最低的十个文化符号中，京味文化所占比例较大（包括国安球队、高干、仿膳等）；此外，一些社会问题已经成为民众心中较有代表性的北京文化符号（如北京户口、房价贵、北漂、堵车）。[①]

可见，强化当代且含义积极的北京文化名片的传播力度，对增强文化符号传播力将有重大意义。这一判断也在媒体对国际人士的采访中得到印证。《人民日报》（海外版）援引美国旅游批发商协会主席特里·戴尔的观点称："目前美国市场上大部分赴中国旅游的线路还比较传统，主要是围绕长城、

---

① 于丹、朱玲、刘人锋、余灵：《北京文化符号的媒介建构分析》，《现代传播》（中国传媒大学学报）2015年第4期，第16—21页。

表5　北京文化符号认知排序

排名	文化符号	均值	排名	文化符号	均值	排名	文化符号	均值	排名	文化符号	均值
1	故宫	4.33	24	全聚德	3.72	47	紫光阁	3.36	70	瑞蚨祥	3.20
2	长城	4.30	25	房价贵	3.70	48	京骂	3.36	71	皮影	3.20
3	人民大会堂	4.15	26	地坛	3.68	49	大观园	3.36	72	大栅栏	3.18
4	颐和园	4.13	27	北漂	3.67	50	北京昆曲	3.35	73	东交民巷	3.17
5	升旗仪式	4.08	28	明十三陵	3.65	51	相声	3.34	74	蚁族	3.17
6	圆明园	4.08	29	堵车	3.64	52	护国寺	3.32	75	话剧	3.15
7	人民英雄纪念碑	4.07	30	首都机场	3.61	53	什刹海	3.32	76	798艺术区	3.07
8	北京烤鸭	4.06	31	同仁堂	3.60	54	庆丰包子	3.31	77	沙尘暴	3.06
9	北京大学	4.05	32	前门	3.59	55	国贸	3.29	78	南锣鼓巷	3.06
10	中南海	4.05	33	中关村	3.57	56	雾霾	3.28	79	爆肚	3.06
11	四合院	4.04	34	雍和宫	3.53	57	公主坟	3.27	80	摇号	3.04
12	清华大学	4.01	35	北海公园	3.53	58	福娃	3.27	81	大杂院	3.04
13	天坛	4.01	36	香山	3.52	59	北京人艺	3.26	82	卤煮	3.03
14	京剧	3.98	37	老舍茶馆	3.52	60	东来顺	3.26	83	兔儿爷	3.01
15	鸟巢	3.86	38	西单	3.49	61	琉璃厂	3.25	84	仿膳	3.00
16	国家博物馆	3.83	39	三里屯	3.48	62	景泰蓝	3.25	85	高干	3.00
17	胡同	3.82	40	工人体育场	3.46	63	稻香村	3.25	86	国安球队	2.93
18	两会	3.78	41	糖葫芦	3.46	64	后海	3.25	87	保利剧院	2.92
19	国家图书馆	3.77	42	炸酱面	3.45	65	限行	3.25	88	遛鸟	2.91
20	王府井	3.76	43	军事博物馆	3.45	66	北京电影制片厂	3.24	89	园博会	2.89
21	水立方	3.76	44	奥林匹克公园	3.43	67	驴打滚	3.23	90	盛锡福	2.86
22	北京户口	3.75	45	梅兰芳	3.42	68	西直门立交桥	3.22	91	宋庄	2.84
23	奥运会	3.72	46	恭王府	3.41	69	北京精神	3.22			

资料来源：于丹、朱玲、刘人锋、余灵《北京文化符号的媒介建构分析》，《现代传播》（中国传媒大学学报）2015年第4期，第16—21页。

故宫等经典目的地而设计。但美国游客的需求在变化，有必要挖掘更丰富的文化旅游资源，这样人们才不会把北京看作一生只来一次的地方，而愿意多次到访北京。"[1] 构筑新时代文化艺术品牌和符号，将有助于综合提升北京的人文魅力。

（五）赛事展会辐射力

赛事展会既是细分领域的盛事，也是国际交往、科技交流和文化传播的平台。聚焦关于在京举办的重大比赛、展会的舆论反馈，从中反映城市形象。

筛选 2018 年 1 月至 2019 年 10 月《人民日报》中出现"北京"和"国际""全球""世界"三个近义词之一的标题，共计 90 条，其中 78 条与赛事、展会活动有关，涉及展会、赛事的活动详见表 6。不难发现，世园会和冬奥会在《人民日报》标题中的出现次数，远高于其他行业盛会及展览。

表 6　在京举办部分赛事、展会的传播关键词

日期	赛事、展会名称	标题出现次数	关键词
2019 年 2 月 4 日至 2 月 20 日	第 24 届冬季奥运会	44	建设、训练、场馆、赛区、运动、滑雪、延庆、保障、特许、征集、备战
2019 年 4 月 29 日至 10 月 7 日	北京世园会	11	生态、建设、绿色、园艺、园区、美丽、家园、延庆、绿色发展、共同、人类
2018 年 12 月 16 日至 18 日	第三届"读懂中国"国际会议	4	合作、共同、经济、贸易、人类、战略、贡献、维护、中国发展
2018 年 11 月 2 日至 4 日	2018 年国际泳联游泳世界杯北京站	2	短池、自由泳、纪录、世锦赛、男子、训练、世界杯、仰泳、中国选手、打破、亚洲
2018 年 9 月 28 日至 30 日	国际行动理事会第 35 届年会	2	全球治理、共同、全球性、政府、共商
2018 年 9 月 22 日至 10 月 7 日	2018 北京国际设计周	2	创意、城市、智慧、主体、思考、开放、产业、协同

---

[1]　赵珊：《"魅力北京"吸引海外游客》，《人民日报》（海外版）2019 年 8 月 30 日，第 12 版，http：//paper. people. com. cn/rmrbhwb/html/2019 - 08/30/content_1944021. htm。

续表

日期	赛事、展会名称	标题出现次数	关键词
2018 年 8 月 22 日至 26 日	第 25 届北京国际图书博览会	2	合作、思想、黄坤明、改革、参观、增长、社会主义
2018 年 2 月 9 日	首届世界海关跨境电商大会	2	监管、世界海关组织、贸易、中国海关、创新、标准、审慎、指导性、包容、宣言
2019 年 6 月 25 日	2019 巴库国际论坛北京高级别会议	1	贡献、繁荣、和平、共同、坚定、多边、深远
2019 年 4 月 13 日至 20 日	第九届北京国际电影节	1	科学家、联盟、市场、影院、国产、发行、文化
2018 年 10 月 20 日至 27 日	北京国际摄影周 2018	1	改革开放 40 周年、工业、文化、纪实、进程、历史
2018 年 10 月 12 日至 26 日	第 21 届北京国际音乐节	1	观众、公益、精彩、舞台、演出、示范、学音乐、孩子
2018 年 9 月 17 日	2018 世界公众科学素质促进大会	1	普及、人类命运共同体、创新、科技创新、科普、共享、成果、科技发展
2018 年 8 月 24 日至 27 日	2018 北京国际文创产品交易会	1	消费、创意、拉动、落地
2018 年 7 月 7 日至 9 日	2019 中国国际消费电子博览会	1	科技、体验、产品、创意产业、孵化、互动
2018 年 7 月 6 日至 8 日	2018 北京国际音乐生活展	1	音乐教育、乐器、协会、国风
2018 年 5 月 27 日	2018 北京国际民间友好论坛	1	城市、合作、青年、组织、民间、参观、创新、创业

注：标题出现次数是赛事、展会名称在《人民日报》所刊登的文章标题中出现的次数。
资料来源：笔者根据相关资料整理制成。

综观《人民日报》对在京国际赛事、展会的报道，"创新""创意""贸易""城市""贡献""合作""文化"等词语，在不同活动中多次出现，成为北京形象的概括词。此外，北京延庆区作为冬奥会和世园会的举办地，也获得了党媒的关注，成为北京名片的新标签。

四 国际交往中心品牌塑造的策略与建议

以北京现有的舆论形象特征为依据，聚焦如何强化优势、改进短板，进一步强化北京"国际交往中心"的城市品牌形象。

（一）跨文化传播促进国际交往

从上文分析可知，北京市以强大的经济、科技实力，承担大量国际顶级会议、赛事和展览的保障工作，城市品牌形象与在此举办的活动深度融合。然而，受文化差异、制度差异等因素的影响，我国在对外传播中面临的舆论环境并不乐观。在信息技术日新月异的今日，良好公众形象的塑造离不开"好故事"。北京市进一步优化国际形象，就需要从人类命运共同体的视域，挖掘能感动不同背景人士的"北京故事"。

讲述"北京故事"，要把握个人感受与宏大叙事的平衡。基于中国仍是世界最大的发展中国家的基本国情，讲述者在把北京与欧美等地区的大都会城市进行比较时，既要展示优势，也要看清差距，特别是要注重普通居民的感受，避免一味地高调宣传豪华商圈与尖端技术，给公众以城市发展仅关照精英与中产阶层的感觉。事实上，对中低收入人群的关照，更能体现一座城市的气度和温度。讲好不同阶层、不同背景的"北京人故事"，把情感融入传播过程，有利于展现自信从容的大国心态，赢得全世界的情感认同与价值认同。

此外，青年群体在跨文化交流中可以承担起更加重要的角色。中共中央、国务院 2017 年 4 月印发的《中长期青年发展规划（2016—2025 年）》指出，要"拓宽青年参与国际交往的渠道，为青年开展国际交流与合作搭建更广阔的平台"。北京市可以继续加大对在京高校学生参与民间外交的支持力度，鼓励年轻人带着北京的文化底蕴走出去，成为北京国际品牌形象的生动代言人。

在传播渠道上，在京举办的各类展会、赛事连接了多元化的受众群体，是宣传城市特色的高效直达通道。大型活动主办方可针对不同活动涉及的主题，设计故事短片、流行歌曲，使之成为展会物料的有机组成部分，并借助首都机场、大兴机场和北京南站等交通枢纽，室内及户外大屏，Facebook 主页、YouTube 频道等，形成立体化的媒介矩阵，扩大传播覆盖面。此外，国家级媒体近年来在媒体融合、引领新媒体舆论方面，作出诸多有益尝试，北京可借鉴人民日报社新媒体中心推出的《中国很赞》手指舞、"时光博物馆"等作品，开拓具有北京特色、易于复制与扩散的文化产品。

为实现理想的传播效果，对外传播策略应因地制宜，针对发达国家与欠发达国家，分别开发有针对性、互动性强的内容。另外，可邀请外籍作家、摄影师等中长期驻京创作，亲历京味生活，借助其文化背景，将北京城市形象有机融入异国语境，也能使得跨文化的城市形象传播更加有趣、有效。

（二）防范城市功能转型过程中的舆论风险

首都既承担全国政治中心、文化中心、国际交往中心、科技创新中心四大功能，也是北京及周边地区居民的家园与安身立命之地。近年来，北京在疏解非核心功能、改善城市面貌的过程中，客观上造成了部分居民生活与店铺经营的不便（如外迁所谓"低端人口"、户外违规广告牌匾治理、亮出"天际线"等整治行动），尽管北京市居民整体秉持宽容理解的态度，但也出现了一些误解或不满的声音。其中的经验教训，值得反思。

在当前中美贸易纠纷尚未平息、经济下行压力突出的宏观背景下，关系民生的社会矛盾或将更加突出，舆论风险加大；人民对美好生活的需要日益增长，亦对防范首都功能转换中的各类风险提出较高要求。对于化解舆论风险而言，关注儿童、军人、学生等敏感群体，注重民生议题[1]的社会保障，应是重中之重。涉及儿童（如幼儿园教师虐童）、医药（因病致贫）、住房（如开征房产税、限购）等民生领域的话题，容易引发网民共情。与此相关

---

[1] 祝华新、廖灿亮、潘宇峰：《2018 年中国互联网舆论分析报告》，载《2019 年中国社会形势分析与预测》，社会科学文献出版社，2018，第 264—281 页。

的新政策的出台要慎之又慎，须事先充分评估民意，做好补偿方案和舆论引导，做好民意听证和民意说服工作，妥善防范、处置负面舆情，从而把潜在的舆论风险化解于无形。

（三）优化京津冀城市群形象

都市圈的形成与融合发展已成为近年来城镇化发展的特征之一。《京津冀协同发展规划纲要》明确提出，京津冀整体定位是"以首都为核心的世界级城市群、区域整体协同发展改革引领区、全国创新驱动经济增长新引擎、生态修复环境改善示范区"[①]。2019 年 3 月发布的《机遇之城 2019》报告称，北京、上海、香港、广州、深圳是中国最发达的城市，共同推动京津冀、长三角和粤港澳三大城市群协同发展。北京和上海是中国的特大城市，在国际城市群中代表中国形象。然而，京津冀区域小城市当前的发展阶段，尚与长三角和粤港澳城市群的综合实力与整体形象有明显可感的差距，亟待弥合。值得重视的是，京津冀小城市的生产、生活成本水平相对较低，是发展建设的有利因素，体现出进一步承接北京、天津转出产业的发展空间。[②]

对京津冀城市群发展建设的传播，有望改变国内外公众对北京周边地区相对落后的印象。京津冀一体化[③]既是非首都功能疏解的过程，也是京津冀城市群经济发展、社会治理、文化提升和环境改善的良好机遇。在此过程中，建议引导驻京媒体关注牵涉人口的安置和生活水平提升等情况，以真实发生的、具有人文关怀的故事，充盈首都国际形象。这些尝试也可为雄安新区的全球化形象包装提供经验。

（四）形成并输出城市国际品牌话语建构能力

建构合理的北京城市形象话语，可在相当程度上影响国际社会对北京形

---

① 《京津冀协同发展规划纲要》，北京市昌平区人民政府网站，2018 年 4 月 13 日。

② 中国发展研究基金会、普华永道：《机遇之城 2019》，https://www.pwccn.com/zh/research-and-insights/chinese-cities-of-opportunities – 2019-report-zh.pdf。

③ 周鑫宇：《国际交往中心建设的新内涵》，《前线》2018 年第 9 期，第 74—75 页，http://www.bjqx.org.cn/qxweb/n376721c1417.aspx。

象的认知。浙江师范大学王辉教授研究认为，话语建构能力是用外语对"中国故事"和中国方案等进行恰当界定、阐释的能力；话语传播能力则是用国外受众能理解和接受的方式传播中国话语的能力及设置议题的能力。[①]

在多层次、立体化的国际交往新格局下，北京市可以分门别类地研究城市发展中面临的新老问题。通过创新话语体系，建构适应描述新时代中国特色社会主义发展成果的解释工具，回应城市全球化发展的挑战，以打造具有原创性和标识性的北京城市形象话语为抓手，在复杂的外部环境中，进行有针对性的表达，进而为全球治理体系建设补充鲜活的北京形象。

参考文献

周庆安：《软力量与全球传播》，清华大学出版社，2005。

---

① 王辉：《全球治理视角下的国家语言能力》，《光明日报》2019 年 7 月 27 日，第 12 版，ht-tp：//epaper. gmw. cn/gmrb/html/2019 – 07/27/nw. D110000gmrb_20190727_3 – 12. htm。

利用境外社交媒体，提升北京城市形象

李炳慧[*]

摘　要： 社交媒体的蓬勃发展使之成为城市形象传播的重要战场。本文以境外三大主流社交媒体即推特、脸书和照片墙为研究对象，分析北京在境外三大主流媒体上的城市形象传播情况。结果发现北京在社交媒体上的活跃度和与受众的互动性有待进一步提高，文化特色内容比重较小，没有展现出其有别于其他大城市的特色。随后提出了北京今后在社交媒体传播上应该注意的事项。

关键词： 社交媒体　城市形象　推特　脸书　照片墙

全球化加剧了城市间资源、资本和人力的竞争。为了赢取全球范围内有限的资源，各大小城市更加注重城市形象的提升和对外传播。Web 2.0 时代的来临和各类社交媒体的蓬勃发展改变了传统的信息传播模式，由单向传播转变为双向甚至多向对话式传播，并使信息源去中心化。面对这一转变，各个城市为了更好地宣传自己，以便在全球的激烈竞争中占据一席之地，争相采用多种社交媒体来加强城市形象的全球传播，营造正面、积极的城市品牌。

一　国外主要社交媒体及其在城市形象传播中的作用

相对于报刊、广播、电视等传统媒体，以社交媒体为主的新媒体具有全

---

[*] 李炳慧，北京第二外国语学院英语学院副教授，主要研究方向为文化研究。

时空、即时性、互动性、移动性、个体化等特点，不仅可以高效、即时、免费地传播大量信息，还可以借助文字、图片、声音、影像等多媒体进行传播，并根据受众裁剪信息。而互动式的社交媒体打破了地域的界限，让受众成了信息源，从而使信息源多元化、交互化，催生了多对多的口碑式传播，给城市品牌形象的传播带来了机遇也带来了挑战。目前，国外最常用的社交媒体包括推特（Twitter）、脸书（Facebook）和照片墙（Instagram）。

推特成立于 2006 年，是一个社交网络和博客服务网站。推特用户与世界联系的方式有三种：一是可以发布 280 个字符内的任何信息（即推文），既可以添加外部链接，也可以上传图片或者视频与世界分享，属于单向的信息传播；二是用户既可以通过使用提及符号（@）直接给特定的人发送信息，也可以通过订阅别人的推特，成为追随者，对推文进行回应和交流，还可以转发自己喜欢的信息（即转推），这属于双向交流；三是用户可以使用标签（Hashtag）来给主题分类，方便特定话题的交流。跟国内使用的微博一样，该媒体除了可以传播消息外，更重要的特点是具有互动性，追随者可以针对感兴趣的话题在下面跟帖进行互动。因而，全世界的任何人都可以通过发送推文的方式与目标传播城市进行直接对话。根据互联网数据资讯中心（Statista）调查，推特是当今全球最大的社交媒体之一，从 2010 年初的 3 亿用户急剧增长到 2019 年的 33 亿用户，九年内增长了 10 倍，每天生成 3 亿多条推文。[①] 全球推特使用者最多的国家排名前三位分别是美国、日本和英国，特朗普就是推特追随者最多的国家领导人。

脸书也是非常重要的社交媒体。从 2012 年到 2019 年，全球用户数量从 10 亿急剧增长到 24.1 亿，且 96% 的用户是通过手机使用的，65% 的用户年龄在 35 岁以上，是家庭、朋友之间互相分享信息的交流方式。脸书用户最多的国家全球排名依次是印度、美国、巴西和印度尼西亚，用户数量都超过了 1 亿。

照片墙主要用来分享照片和视频，深受青年人青睐，41% 的用户年龄在

---

① Statista 网站，www.statista.com/，最后访问时间：2019 年 8 月 25 日。

24 岁以下。用户数量从 2014 年的 2 亿急剧增长到 2018 年的 10 亿。由于其视频的直观性和高参与度，照片墙成了进行城市形象传播非常有效的社交媒体工具。美国、巴西、印度和印度尼西亚是使用者数量全球排名前四位的国家。

综合以上数据可以看出，社交媒体俨然成了西方现代人们之间交流不可或缺的重要工具，在文化信息传播和建立互动联系方面的作用日益凸显。社交媒体在全球拥有如此惊人的用户人数，因而大大小小的城市争相采用这些社交媒体来作为传播自己形象的工具，以吸引更多的受众。

在欧洲，97% 的欧洲国家使用至少一种社交媒体，超过 93% 的国家使用多种社交媒体来宣传自己。脸书是其最主要的传播媒体，28 个欧洲国家中有27 个拥有脸书账号，只有比利时没有国家统一的账号，但单独区域都有。推特和照片墙是第二大传播媒体，所有欧洲国家在 2012 年前就都建立了推特账号。其中西班牙账号最活跃，推文发布最多，追随者也较多。[1] 根据目的地推介国际联盟（DMAI）2012 年统计，美国有 240 个地区在使用脸书、推特和油管（YouTube）推介自己。[2] 由此，社交媒体在国家和城市形象塑造中的重要作用可窥一斑。

二 北京对国外社交媒体的使用情况

首都北京作为我国的政治经济文化中心，拥有优质的文化资源，既有众多的名胜古迹，又有时尚的艺术符号，还有诱人的饮食文化和醒目的建筑符号。但根据全球领先的调研公司安霍尔特—捷孚凯城市品牌指数（Anholt-GfK Roper City Brands Index）排名，2011 年、2013 年、2015 年全球城市形

---

[1] C. Tamara, "Use of Twitter by National Tourism Organizations of European Countries," *Interdisciplinary Description of Complex Systems* 17（2019）：226 - 241.

[2] DMAI, "DMO Marketing Study," 2012, accessed December 22, 2020, http://destinationinternational. org/sites/default/master/files/pdfs_Dest_Intl_2012_DMO_Marketing_Activities_Study. pdf.

象排名前十中却一直没有北京。

北京文化和旅游局分别在国外主流的社交媒体上开设了账号，推特上是@ Beijingofficial，脸书上是 visitBeijing，照片墙上是 visitBeijingofficial。截至2019 年 8 月 23 日，北京在推特上的推文总量是 1756 条，关注者有 8.7 万人；脸书有 8098 张照片和帖子，关注者有 139 万人；照片墙上发布了 1404个帖子，关注者有 2.7 万人。可见北京在脸书上活跃度很高。

以北京官方推特在 2016 年 1 月 1 日到 2017 年 5 月 20 日之间推送的 500条推文为例，通过统计分析发现，自然景观、事件或活动、饮食、文化和休闲娱乐分别占了 29.2%、19%、11.4%、9.8% 和 8.2%，这五项总共占了推文总量的 77.6%。自然景观覆盖了大大小小的景点，其中主推长城、紫禁城、胡同和颐和园，且多次重复推送。涉及的其他景点包括植物园、崇文门、S2 轻轨看花海、石花洞、白河峡谷、石林峡玻璃观景台、国家体育馆、天坛、王府井、定都阁、雾灵山、昌平、前门大栅栏、后海、平谷、琉璃厂、金海湖、戒台寺、北海公园、景山公园、香山、恭王府、国子监、世贸天阶、南锣鼓巷、潭柘寺、延庆、密云、玉渊潭公园、地坛、明城墙遗址公园、红螺寺、大觉寺、雍和宫、雁栖湖、钟楼、莽山国家森林公园、午门、卧佛寺等，覆盖面比较广。北京丰富的文化遗产资源是北京城市形象对外传播的强项。在 2011 年安霍尔特—捷孚凯城市品牌指数排名中，北京在文化遗产方面排名世界第三。

在与事件或活动相关的推文中，北京推送最多的依次是长城好汉活动、第 18 届北京国际旅游节和全球旅游经济论坛，且多次重复推送。涉及的其他活动有马拉松比赛、世界旅游大会、北京车展、网球公开赛、彩色跑、梅花展、灯笼展、冰雪旅游节等。值得一提的是，长城好汉活动设计尤其巧妙，影响力较大。"长城好汉"称号的获得者是一位外国著名摄影师，给他的奖励是免费参与北京的开心冒险之旅，行程涉及了北京很多的特色景点和活动，例如天坛学太极、司马台长城与郎朗的音乐对话等。又因为他本人是摄影师，拍摄了许多令人震撼的北京特色照片和视频，放在互联网上与世人共享。随后在纽约举办的北京旅游展览会上他又对北京做了进一步宣传，以一个外国人的视角来看北京。这就属于高级传播中的口碑式传播，更有利于进一步全面提升北京的城市形象。可见北京的城市形象宣传策略已经日臻成熟。

民以食为天，饮食在北京官方推文中也占据了重要的地位。北京烤鸭、老北京火锅、护国寺小吃、稻香村点心、簋街美食、驴打滚、腊八粥、煎饼果子、拉面、春卷、韭菜饼等都在推介之列。关于文化的推文中，一年中二十四节气及与其相应的美食或者天气的推介尤其突出，另外还有对儒家、福字倒贴的原因、除夕夜、迎财神、中医、太极、拔罐、百工坊传统工艺等文化特色的推介，可以使受众全方位地了解中国文化和历史。但历史底蕴深厚的北京在文化方面的推文仅占 9.8%。国内学者认为"城市文化是城市品牌的眼睛和核心"[①]；国外学者也赞同"城市品牌化的成功取决于文化和价值这种软实力"[②]。所以北京今后应该更加注重文化方面的传播。

在与受众的互动方面，北京官方推特的 500 条推文中 40% 都有外部链接，以便与网友分享更多的外部资源和信息。同时为了方便受众，北京官方推特对话题进行了分类，即使用标签的推文比例高达 70%。91% 的推文中会有评论，93% 的推文会有网友点赞，79% 的推文被转推，说明北京的推文受到了网友的喜爱。但进一步分析与网友的对话，笔者发现北京推文中形成两个话轮以上的对话数量却不多。相比之下，在这方面华盛顿官方推特是北京的三倍，推文的总数量将近北京的 17 倍。国外研究发现，积极参与、充分利用社交媒体，发推文或者帖子多的国家官方推特，关注者就会多，传播效果更好。[③] 因此，提升在社交媒体上的活跃度和与网友的互动性也是北京今后要努力的地方。

---

① 朱铁臻：《经济全球化与提升城市竞争力》，《现代经济探讨》2001 年第 4 期，第 3—7 页。

② N. Porter, "Single-minded, Compelling, and Unique: Visual Communications, Landscape, and the Calculated Aesthetic of Place Branding," *Environmental Communication* 2 (2013): 231–254.

③ C. Tamara, "Use of Twitter by National Tourism Organizations of European Countries," *Interdisciplinary Description of Complex Systems* 17 (2019): 226–241.

三 北京在使用国外社交媒体时应注意的事项

（一）提高活跃度，挖掘文化独特魅力

北京应该充分利用社交媒体，提高活跃度，增加信息量，全面推介北京。城市不仅仅是历史的记忆，而且是文化、贸易、基础设施等各个方面的混合体。城市的营销是将一个无形的东西视作商品，但如果仅仅关注标志性建筑、标语或者口号，那就千篇一律、毫无个性可言了。全球化时代保持和宣传城市的独特性才是竞争胜出的根本，所以北京打造城市品牌要注意挖掘文化特色，展现独特魅力。除此之外，重大活动、电视节目、美食、运动、艺术、景点等都可以成为传播的内容，增加推文数量。

（二）注重与受众的互动

社交媒体有别于传统媒体的最大特点是其互动特性。受众在接收信息后，也会成为信息的传播者，而且是带着自己主观看法的传播者。因而，及时了解受众的想法很重要，还要及时反馈，进行协商，从而开发积极的意义，做到正面传播。这就需要对追随者的评论（尤其负面评论）作出及时回应；组织互动活动，邀请受众参与并及时作出反馈。通过这些互动参与活动，城市可以不断提升其在受众心目中的形象，进而影响受众的思想和行为。

（三）注重口碑式传播的重要性

Kavaratzis认为，城市形象的传播分为三个层次：一级传播，包括景观、基础设施、组织结构和行为（例如城市提供的服务或举办的文化体育盛事）等；二级传播，即正式或者下意识地宣传（包括户外广告、标识使用等），将信息传递给受众，既要有事可说，还要传播有效；高级传播，是指由受

众、媒体或者竞争对手所强化的口口相传。^① 在这三级传播里，一、二级传播是营销者能够控制的，而高级传播不能掌控。但如果在一、二级传播里可以提升受众对城市形象的整体印象，那么高级传播就会正面积极一些。以脸书为例，42%的使用者会在脸书上分享自己的旅游经历，60%的使用者在策划旅行计划的时候会参考网上的意见，而83%的使用者会相信朋友和家人的推荐。^② 社交媒体方便跟帖和评论，利于口口相传，使受众也成为内容的生产者。因而北京要充分利用社交媒体这一特色工具，传播北京正面、积极的形象。

四　充分利用社交媒体，提升北京城市形象

社交媒体转变了传播模式，受众从被动的接受者转变为积极的创造者，他们的一言一语对一个城市的形象至关重要。社交媒体既可以改变受众对目标城市的印象，也可以影响个体行为并使之发生改变。^③ 因而北京要充分利用国外社交媒体，扩大受众，传播信息。正如 Solis 所认为的，在当前城市品牌化的新型交互式环境里，城市"要么参与要么消亡"。^④ 城市品牌形象的打造绝不是闭门造车，更不是仅仅为了增加旅游人数和刺激经济发展，而是要打造自己的优质品牌。北京应充分重视新媒体的互动交流特点，设计特色有奖活动，与受众保持良好互动关系，了解目标受众的想法，让他们参与协商，使受众成为信息的进一步传播者，从而建立积极正面的城市形象和品牌意义。

---

① M. Kavaratzis, "From City Marketing to City Branding: Towards a Theoretical Framework for Developing City Brands," *Place Brarding* 1 (2004): 67 – 69.

② N. Costin, *Facebook Trends for 2013*. Cited in Abbas Alizadeh et al., "The Use of Social Media in Destination Marketing: An Exploratory Study," *Preliminary Communication* 2 (2015).

③ E. Fischer and A. R. Reuber, "Social Interaction Via New Social Media: How Can Interactions on Twitter Affect Effectual Thinking and Behavior?" *Journal of Business Venturing* 1 (2011): 1 – 18.

④ B. Solis, *Engage! The Complete Guide for Brands and Businesses to Build, Cultivate, and Measure Success in the New Web* (Hoboken, NJ: Wiley, 2011).

参考文献

E. Sevin, "Places Go Viral: Twitter Usage Patterns in Destination Marketing and Place Branding," *Journal of Place Management and Development* 3 (2013).

Yang Xin and Wang Dan, "The Exploration of Social Media Marketing Strategies of Destination Marketing Organizations in China," *Journal of China Tourism Research* 11 (2015).

李炳慧：《新媒体环境下城市形象对外传播对比分析——以北京和华盛顿为例》，《黑龙江社会科学》2019 年第 3 期。

徐翔、朱颖：《北京城市形象国际自媒体传播的现状与对策——基于 Twitter、Google + 、YouTube 的实证分析》，《对外传播》2017 年第 8 期。

赵永华、李璐：《国际受众对北京城市形象的认知与评价研究——基于英语受众的调查分析》，《对外传播》2015 年第 5 期。

北京打造国际城市形象的具体路径与对策研究

任晶晶　王　宁[*]

内容提要： 随着中国参与全球化进程的不断深化，首都北京的城市形象建设愈益重要。在注重城市硬件建设的同时，北京需要积极利用自己的政治经济优势，做好软环境塑造。当前，北京在城市化进程中面临环境污染、人口膨胀、发展不平衡、贫富差距大等问题。北京应当以国际化大都市作为自身发展定位，通过改革与调整经济结构、开展城市公共外交、借助"一带一路"机遇以及利用友好城市资源等途径，构建自身开放、包容、多元、和谐的形象。这既有助于北京自身发展，也可以促进国家整体形象的提升，从而形成城市发展同国家整体发展齐头并进、相互协调、相互促进的良好态势。

关键词： 北京市　国际城市　城市形象　城市公共外交　"一带一路"

　　城市形象是一个城市的重要品牌，既是城市软实力的重要组成部分，也是该城市相较于其他城市而言的独特气质所在。随着中国参与全球化进程的不断深化，作为中国首都的北京正在努力发展成为亚洲乃至世界最重要的城市之一，北京的城市形象建设愈益重要。构建良好的城市形象，使这一形象

＊　任晶晶，中国社会科学院"一带一路"研究中心副秘书长、研究员，主要研究方向为中国对外政策和"一带一路"研究；王宁，同济大学人文学院文化产业管理专业本科生。

服务于城市乃至国家发展对外关系的宏大战略，是北京面临的一个迫切需要解决的问题。

一 北京国际城市形象建设面临的主要问题

作为中国最重要的城市之一，北京享受了中国参与全球化进程的大量红利。诸如北京奥运会和 APEC 北京峰会等大型国际活动的举办，一方面提高了北京在国际上的知名度，向世界展现了北京良好的城市风貌；另一方面也促进了城市基础设施等方面的建设，提升了首都市民的生活质量。可以说，改革开放以来，中国为融入国际社会所做的努力是相当成功的，并且也从这种融入进程中获得了大量实实在在的收益。北京作为中国的首都，也在过去的 40 多年当中发生了翻天覆地的变化，城市建设水平不断提升，基础设施日臻完善，市民对城市的满意度日益提高。

但是，随着城市化进程的不断深入，北京的城市功能变得越来越多样化，集中了各种产业，同时人口也变得越来越稠密。这就加重了城市的负担，并且造成了诸如环境污染、交通堵塞这类"大城市病"，而这对于提升城市形象而言往往是不利的。例如，北京的环境污染问题一直困扰着市民，并且也成为在国际上给北京形象造成负面影响的主要问题之一。在 2008 年北京奥运会前夕，4 名美国运动员戴着口罩出现在首都国际机场，而这一幕也被媒体捕捉下来并很快引发了国内民众的不满。这次风波后来随着 4 名美国运动员的公开道歉所平息，但是也引发了人们对于北京空气污染问题的关注。在 2012 年以前，北京甚至全中国的民众对"雾霾"并无概念，大都将雾霾等同于沙尘暴。而从 2012 年冬天开始连续出现重污染天气，北京市民才开始关注"雾霾"问题。

当然，空气污染并不是北京的"独特"之处。历史上英国的伦敦、美国的洛杉矶、日本的东京以及德国的鲁尔区等地在工业化阶段，都经历过严重的空气污染问题，并且很多时候比北京更严重。北京市政府部门为应对空气污染做了大量工作，也取得了很大的成效。为了迎接 2008 年北京奥运会，北京从 2004 年起便开始对空气状况进行大力治理，累计投入达到 1200 亿元，同时"绿色奥运"也是北京奥运会的核心理念之一。但是由于北京及周边城市的工业发展、北方城市冬季供暖、汽车保有量增加导致尾气污染加剧等多重因素的影响，空气污染问题并没有得到实质性解决，至今雾霾问题（特别是冬季）仍是影响北京市民生活的重要问题之一。尽管空气污染主要对城市居民的生活产生影响，但也会影响北京的城市形象，而这也是每当北京举办大型国际活动时，官方总要采取各种临时性措施以确保空气质量的原因。正是由于这些临时性措施，才使北京出现了"APEC 蓝""阅兵蓝"等现象。但是临时性措施是治标不治本的手段，官方还需要采取更多手段来从根本上解决污染问题。

空气污染只是影响北京城市形象的问题之一，另外一些问题——诸如交通拥堵、人口膨胀、资源紧张等——都是影响北京今后发展，同时也亟须解决的问题。这些因素同其他一些似乎是"司空见惯"的现象——如占道摆摊经营、不遵守社会秩序、交通违章乃至插队和随地吐痰等不文明行为——都会给来北京的外国人士留下非常不好的印象，从而影响北京乃至中国的形象。当然，这是城市化进程中必然会面临的现象，当前北京发展过程中所面临的问题都是发达国家曾经遇到过的。同时，相比于 20 年前乃至 10 年前，北京的社会秩序已经有了很大的改善，人口素质也有了明显的提升。但是，同治理大气污染类似，提升人口素质仍是一件任重而道远的任务，不能一蹴而就，仍需要政府和市民的共同努力。

二　国际化大都市：北京国际城市形象的总定位

塑造良好的国际城市形象，首先需要有明确的城市定位。作为中国的首都和第二大城市，北京市的定位应当是"国际化大都市"。"国际化大都市"这一概念出现于 20 世纪 60 年代的发达国家，是随着全球经济一体化的发展和国与国之间的相互依赖程度日益加深而产生的概念。它是指在劳动分工国际化、国际贸易全球化、世界经济一体化以及经济区域集团化的过程中，形成的一类具有全球性经济、政治和文化功能的中心城市，并且一经出现就被很多发达国家用作城市发展的目标。在全球政治经济联系日益紧密，国与国之间的多层次、全方位往来日益加深的背景下，国际化大都市成为展现各国经济发展程度和全球化水平的重要"名片"。对于各国而言，建设国际化大都市一方面可以带动贸易、金融、投资、基础设施建设和服务业等行业的发展；另一方面也可以通过塑造良好的城市形象来构建国家形象，从而促进该国进一步融入国际社会。

不过，相比较于发达国家，中国的国际化大都市建设起步比较晚，经验也不丰富。上海在 1992 年提出建设国际化大都市的目标，而这也是中国第一个以此为建设目标的城市。1992 年，上海提出要建立国际经济、金融和贸易中心，而 1999 年则进一步扩展为建设国际经济、金融、贸易和航运中心。在这方面，北京比上海起步更晚。北京于 2001 年提出建设现代化国际大都市的目标，而在 2010 年又提出了建设世界城市的目标。除了这两个中国最大的城市之外，其他一些城市——如南京、武汉、重庆、西安 、广州、深圳、大连、沈阳等——也根据自身的地理特点、区位优势和发展特色，提出了不同的国际化目标。自 2010 年以来，中国的国际化大都市建设出现了诸多城市"多头并进"的态势，这一方面反映出中国经济实力的巨大发展和综合国力的快速提高，另一方面也为大城市建设提出了新的挑战和课题。

但是，同世界上其他国家比较，中国的国际化大都市建设仍然处于起步阶段。现有的著名国际化大都市——如纽约、东京、巴黎、伦敦等——都经历了上百年的发展历程，也积累了丰富的发展经验。以日本东京为例，自明治维新之后，东京便进入了国际化大都市建设的起步阶段。但是，在明治维新后的一段时间内，东京仅仅是日本的政治和文化中心，而并不是最重要的经济城市。直到第二次世界大战之后，东京的经济地位才迅速提升，成为日本的经济中心。值得一提的是，东京的城市设计规划非常合理，并没有陷入所谓的"大城市陷阱"——即交通堵塞、污染严重、环境恶化、贫富差距巨大、资源紧张、社会秩序混乱——当中，而是保持了良好的自然环境与社会秩序，实现了人与自然、人与城市的和谐发展。作为世界上典型的国际化大都市建设的成功案例，东京的经验值得北京借鉴和学习。同时，其他一些城市的经验（无论这些经验是正面是反面），也都值得中国参考和借鉴。

另外，北京在国际化大都市建设中需要保持自身的独特性，这样才能成功塑造自身的城市形象，打造独特的城市名片。国际化大都市的共同点是国际化，但国际化并不意味着千篇一律，而是要拥有自身特色。同其他国家的国际化大都市相比，北京需要突出"中国特色"。近年来，北京在信息化程度、进出口总量、旅客吞吐量、入境游客数、外国人以及外国留学生数量等国际化"硬指标"方面下了很大功夫，也取得了很好的成绩。但是如果同其他国家的国际化大都市相比，北京在国际组织总部数量、世界文化遗产数量和留学生质量等国际化"软指标"方面则发展较为缓慢，而这也限制了北京市总体国际化水平的跃升。因此，北京必须以国际化的视野、国际化的胸怀、国际化的政策、国际化的管理去重构北京城市规划，把北京建设成为和谐宜居的创新之都，从而把世界各国优秀的人才、企业吸引到北京安家落户，推动更多国际组织总部或分支机构移居北京，特别是力争让新创国际组织的总部落户到北京。

除继续深入推动城市国际化进程之外，弘扬北京悠久的传统文化，为国际化都市建设提供深厚的文化底蕴也是极为重要的。很多西方国家的国际化大都市（如伦敦和巴黎）也都实现了历史文化遗产同国际化发展的有机结合，并积极利用历史文化遗产提升城市知名度。事实上，作为一个拥有超过800年历史的古老城市，北京在历史文化遗产方面的底蕴可以说是得天独厚的。但是在过去相当长一段时间内，这些遗产并没有得到很好的重视。不过，随着经济社会的发展和人的生活水平的提高，当前无论是官方还是民间对于历史文化遗产保护的重视程度都已经空前提高，而且北京也确实做了大量工作来保护城市的历史文化资源。当前，各方在围绕北京城市建设方面已经达成了这样一个共识，即文化正在成为城市凝聚力和创造力越来越重要的源泉，正在成为一个城市综合实力的重要组成部分，以及一个城市对外传播的重要内容。北京在历史上曾经是多个封建王朝的都城，新中国成立后又成为首都，拥有独特的历史文化遗产。一方面，北京拥有以元大都遗址、明十三陵、故宫等为代表的历史遗产；另一方面，北京也延续了新中国的红色基因，形成了独特而丰富的红色文化。因此，继承和弘扬优秀传统文化和红色文化也是北京面临的一个重大课题。

同时，国内已经有十余个城市致力于建设国际化大都市，如果不能保持自己的独特性，这些城市就会变得千篇一律，而这不利于城市形象的塑造。因此，在同国内其他致力于建设国际化大都市的城市相比时，北京还需要努力突出"北京特色"。中国作为一个拥有 960 万平方公里国土的大国，每一个地区都有其独特之处，而这同城市的地理位置、自然条件、生态环境、人文传统等密切相关。因此，北京也需要结合自身的自然和人文条件，塑造独具北京特色的城市形象。在这方面，成都的经验值得北京学习。近年来，成都在塑造城市形象并将这一形象推广到海外的过程中，注重将较为容易引起海外民众共鸣，并且也容易产生文化认同的"熊猫文化"和"美食文化"作为城市形象的核心内容之一。在成都市内，可以见到大量的"熊猫元素"。成都积极运用"熊猫文化"同其他城市开展各种交流活动，如于 2017 年在德国柏林动物园举办了"感知中国——柏林·四川成都文化周"活动。可以说熊猫已经成为成都的城市象征，并且已经在海外引发了积极而热烈的反响。2016 年，成都也在美国策划开展了"旧金山·成都美食文化节"，将成都的"美食文化"通过欧美国家民众乐于接受的方式进行了传播，并吸引了《华尔街日报》等美国主流媒体的关注。此外，成都在城市间交往中也注重运用其他独具地方特色的元素，如川剧中的变脸、青城太极、茶艺表演、蜀绣、剪纸等，不仅拉近了城市间的距离，也加深了外国民众对中国的了解。

三　北京国际城市形象建设的具体路径

建设国际化大都市，构建良好的城市形象是一项长远工程。正如发达国家的城市建设历史所显示的，城市形象建设有时甚至会需要几代人的努力。因此，也只有从一点一滴的具体事情做起，不断积累经验，克服前进中的困难，才能实现习近平总书记提出的"建设国际一流的和谐宜居之都"的战略目标。具体而言，北京可以从以下四个方面入手推动城市形象建设。

（1）深入推进供给侧改革，促进城市经济健康发展，为塑造良好的国际城市形象、建设国际化大都市提供强有力的经济基础和保障。2018 年，北京市地区生产总值突破 3 万亿元，比上年增长 6.6%。从经济方面看，北京已经符合国际化大都市标准。但是，经济结构不合理仍然是困扰北京发展的一个主要问题。为此，北京必须深入调整供给结构，加快推进关键性改革，着力推动产业高端化发展，提升高科技产业、服务业比重，增强首都经济的附加值和辐射力，为建设和谐宜居国际化大都市夯实经济基础。根据北京经济发展阶段的特点，在未来应当将主要精力放在提高经济效率方面，特别是要大力发展高科技产业，推动以中关村科学城、怀柔科学城、未来科学城和亦庄经济技术开发区为主体的"三城一区"建设。2016 年 9 月，国务院印发实施了《北京加强全国科技创新中心建设总体方案》，将全国科技创新中心建设上升为国家战略。当前，在党中央、国务院的大力支持下，"三城一区"建设正在稳步开展，北京正在成为全球科技创新引领者、高端经济增长极、创新人才首选地、文化创新先行区和生态建设示范城。正如伦敦是全球金融中心，巴黎是全球时尚中心一样，未来北京应当成为全球高科技产业中心，高科技产业、绿色产业、生态产业等将成为北京在世界城市之林中的靓丽名片。

同时，北京市还需要下大力气解决同民生相关的问题，这既有助于调动人民群众建设国际化大都市的积极性，也有助于在国际上树立"以民为本"的良好形象。习近平总书记就高度关注北京的民生工作，在北京视察时，他曾经深入胡同小巷，到居民家中了解居民最真实的需求。对于老城区改造，习近平总书记也要求有关部门要把工作做细做实。当前，北京市的民生建设工作仍然存在一些短板，比如人民群众所广泛关心的教育、医疗和住房等问题，还不能完全满足人民群众的需求。尽管北京的人类发展指数（HDI）高居全国第一，但同发达国家的国际化大都市相比还有较大差距。基础教育的公平性、人均住房面积的紧张与高房价的矛盾、医疗体制不均衡等问题不仅成为制约人类发展指数提升的因素，而且加剧了社会矛盾，正在成为引起社会不满的焦点问题，对和谐宜居之都的建设构成了潜在的障碍。为此，北京必须强化教育、医疗机会的公平性，提升社会保障水平与覆盖范围，保持房地产市场的理性发展，以保障市民安居乐业，促进首都的和谐发展与社会稳定。

（2）积极开展城市公共外交，增进外国民众对北京的认同感。传统的外交是主权国家政府之间的官方往来，而当代外交的主客体则发生了扩展。从外交主体上看，不仅中央政府可以开展外交活动，次国家政府甚至非政府组织也可以；从外交客体上看，交往的对象不仅是另一个国家的政府部门，也可以是其他国家的民众。公共外交就是一国政府针对外国民众所开展的外交活动，同以谈判为主要手段的传统外交不同，公共外交的主要手段包括文化交流项目、大众传播媒介和互联网等。它是一种向外国公众传递本国信息，促使外国公众了解、接受和认同本国的"争取民心"的活动。公共外交是起源于发达国家的事物，在我国起步较晚，但是当前在国家层面已经得到了高度重视。作为地方层面，北京可以结合自身特点，开展城市公共外交活动，以在外国公众心中塑造良好的城市形象。

在开展城市公共外交时，北京需注意以下三方面问题：第一，公共外交不是对外宣传，不能将二者等同。在外国（主要是西方国家）民众看来，"宣传"是一个贬义词，带有强烈的意识形态色彩。因此在开展城市公共外交时不宜使用"宣传"一词，否则很可能会适得其反。公共外交的载体可以是文化交流、学术交流、留学生教育和对外形象展现等，既可以是我方"走出去"，也可以是把对方"请进来"。但是，既不能将这些手段等同于对外宣传，也不能用处理对外宣传的思路和方法来处理这些问题。第二，开展公共外交时要注意使用恰当的手段，以及拥有明确的目标诉求。例如，2011年1月在美国纽约播出的中国国家形象宣传片就没有明确的宣传诉求，而是希望以一种统合式的影像来呈现出积极、正面的国家形象。但是，这一宣传片的实际效果是值得商榷的。根据美国方面调查，在该宣传片播出之前，受到错误的"中国威胁论"等因素的影响，只有不到一半的美国人对中国拥有正面评价。因此，这一宣传片与其说是在塑造和构建新的国家形象，不如说是在修复被"中国威胁论"歪曲和损害的形象。因此，未来北京的公共外交应当使用恰当的手段并进行恰当的目标人群定位。例如，文化交流项目、学术交流、大型体育赛事（如2022年冬奥会）等都是开展公共外交的良好途径，而人群定位也应以青年人为主。这是因为相较于其他人群，青年人较容易接受新事物，同时也较少受到"中国威胁论"等刻板印象的影响。第三，在开展城市公共外交时，还需要注意部门间的协调，以及调动普通民众的积极性。从某种意义上讲，城市形象是一种"产品"，而政府和民众都是它的"生产者"，各自在其中所起的作用不同。作为统筹安排者，政府需要由外事部门牵头，并同负责城市形象传播的专业人士、专家学者深入沟通，在实地调查的基础上，精准提供"目标消费者"想要的产品。普通民众则是这一生产过程的参与者，可以通过民间人际交往来达到提升城市形象的效果。因此，政府部门也要调动群众积极性，推动"全民公共外交"的开展，避免以往那种"政府发力，民众不知"的现象。

（3）利用建设"一带一路"的契机，着力提升城市形象。毋庸置疑，"一带一路"倡议促进了中国开放包容的国际形象的形成，有利于中国向世界各国，特别是共建国家展现出促进世界和平与发展的负责任大国形象。但是，随着倡议的开展，国际上也出现了一些"别有用心"的声音，如将"一带一路"等同于"中国威胁论"，夸大中国工程带来的环境、债务等问题，以及认为这一倡议反映了中国的地缘政治"野心"等。面对这种情况，就更需要讲好基于"一带一路"的"中国故事"，切实将这一倡议建设成"得民心"的工程，实现中国人民同各国人民的"民心相通"。

作为"一带一路"的重要节点城市，北京也需要进一步借助"一带一路"倡议的"东风"，打造良好的城市形象。具体而言，围绕"一带一路"倡议的城市形象建设工程需要从以下三个方面开展。

一是充分利用"主场外交"的契机，展现良好城市风貌。"一带一路"倡议无疑为北京提供了诸多"主场外交"的机遇，如"一带一路"国际合作高峰论坛和其他各种论坛、峰会。这些活动在城市管理、后勤保障、舆论引导、志愿服务等领域对北京提出了高要求，同时也促进了北京在硬件和软件建设方面的完善。作为中国首都，北京需要充分利用承担国家大型活动次数多的优势，在外国政府官员和民众在京停留期间塑造良好的城市风貌，以使这些人成为向其国内推介北京的"大使"。

二是要发挥企业、民众等非政府机构的作用。北京在发展经济时坚持"引进来"和"走出去"并重，既大力吸引外国高新技术企业入驻，又积极开展对外投资。自"一带一路"倡议开展五年来，北京企业已经累计向 31 个共建国家投资约 16.6 亿美元，积极参与当地基础设施建设工程，推动产能合作和境外园区建设。除国企之外，民营企业对"一带一路"倡议的兴趣也日渐高涨。这些企业在参与当地工程的同时，也需要注意承担必要的社会责任，以帮助北京树立良好的形象。

三是要特别注重利用文化交流等渠道推动民间交往，并关注北京在留学生群体中的形象。这些交往主要以青年人为主体，青年是各国未来发展的希望所在，在不同国家、不同城市的青年人之间厚植友谊，可以推动国家间、城市间友好关系的发展。北京应通过培养留学生、举办青年论坛、组织青年志愿活动等途径，推动中外青年之间的广泛交往和深入接触。截至 2020 年 9 月，在北京的各类外国留学生有近 11 万人次，大部分来自"一带一路"共建国家，这些人应当成为推进中国同相关国家间友好关系的使者。目前这些留学生获取城市形象的来源较为单一，特别是在其课程的学习中，几乎无法获取同城市形象相关的任何信息，而这一状况是需要改变的。留学生不仅仅是学校和相关部门创收的来源，也是国家间、城市间友好关系的纽带。只有从这个角度来看待留学生群体，并改进教学方法、完善服务管理，才能增进这些人对中国和北京的认同感。事实证明，通过在中国的学习和生活，留学生可以形成对中国、对北京较为积极正面的认知。根据有关研究，很多留学生在来华前往往带有某些"刻板印象"，如某些中亚国家和土耳其的留学生会把新疆的情况认为是中国的整体情况；南亚和东南亚国家留学生也会把当地华人（主要是东南沿海地区）带去的地方习俗认为是中国典型的习俗。但随着在中国的学习和生活，很多留学生已经认识到他们心中原有的中国形象是极为片面和不准确的，并改变了他们在本国形成的某些对中国的"刻板印象"。

（4）以"友好城市"为纽带，巩固和发展城市之间的友好关系。截至2019年，北京已经同51个国家的56个城市缔结为友好城市，而这些城市也大多为各国的首都或重要城市。从一定意义上讲，城市间交往要比国与国之间的交往更便利，所受到的约束更少。北京应当充分发挥自身友好城市多的特点，通过"北京国际民间友好论坛""北京国际友好城市汉语培训班"等渠道，大力发展同相关城市的官方和民间关系，用城市间友好关系带动国与国之间良好关系的发展。为此，北京一方面需要完善国际化服务环境，打造文明包容的魅力城市，搭建本市居民同外籍人员的友好交流平台；另一方面也要在城市间交往中突出中国元素和北京特色，推动不同文化间的交流互通。

四 结论与启示

对于北京或中国其他城市而言，城市形象塑造是一个新生事物，可供借鉴的经验也较少。但无论是对城市自身乃至对国家而言，良好的形象都是极为必要的。特别是随着中国融入国际社会的程度不断深化，中国同各国间的交流往来日益增多，双方在政治、经济、文化、科技等方面的联系日益紧密，形象问题越来越成为中国城市在全球化大背景下需要正视的问题。

因此，在注重城市硬件设施建设的同时，北京也需要利用自己的政治经济优势，发挥作为首都的独特功能，塑造自身良好形象。当前，北京在城市化进程中仍面临环境污染、人口膨胀、发展不平衡、贫富差距大等问题，而这些因素也会影响城市形象建设。北京应当以国际化大都市作为自身的形象定位，着力解决城市发展进程中遇到的问题，并通过经济结构改革与调整、开展城市公共外交、借助"一带一路"机遇以及利用友好城市资源等途径，构建自身开放、包容、多元、和谐的形象。这既有助于城市自身的发展，也可以促进国家整体形象的提升，从而形成城市发展同国家整体发展齐头并进、相互协调、相互促进的良好态势。

参考文献

江涛：《北京建设中国特色世界城市的路径分析》，《中国新时代》2013 年第 5 期。

任超：《城市群视角下北京建设国际交往中心：主要问题与治理路径》，《中国西部》
　　2020 年第 1 期。

慕玲、冯海燕：《城市公共外交视角下的首都形象传播》，《前线》2019 年第 12 期。

侯隽：《东京国际化大都市的演进过程》，《前线》2017 年第 9 期。

意娜：《加快吸引国际组织总部“落户”北京》，《国家治理》2015 年第 39 期。

赵艾：《城市治理现代化与人文城市建设》，《经济导刊》2020 年第 1 期。

孙华：《基于城市形象传播的城市 IP 建设路径研究——以成都城市形象的国际化传播为
　　例》，《成都行政学院学报》2020 年第 1 期。

徐和建：《国际传播建构北京城市形象的思考》，《对外传播》2020 年第 2 期。

乔章凤、李青原、李丛珊：《国际化城市产业发展模式与特征分析》，《国际经济合作》
　　2016 年第 11 期。

于宏源、朱云杰、包玉涵：《全球城市建设中的民间外交》，《对外传播》2020 年第 5 期。

周萍萍：《友好城市交流的东京经验与提升北京文化软实力的对策研究》，《教育现代化》
　　2016 年第 7 期。

武欣：《世界城市社会建设的特点及对我国的启示》，《经济问题》2010 年第 8 期。

罗小龙、韦雪霁、张京祥：《中国城市国际化的历程、特征与展望》，《规划师》2011 年
　　第 2 期。

段霞、陈飞：《城市国际化论坛：资源环境约束下的首都北京发展研究》，中国经济出版
　　社，2017。

S. Sassen, *The Global Cities：New York，London，Tokyo（2nd edition）*（Princeton：Princeton
　　University Press，2001）.

《北京加强全国科技创新中心建设总体方案》，中华人民共和国中央人民政府网站，2016
　　年 9 月 11 日，http://www.gov.cn/zhengce/content/2016-09/18/content_5109049.htm。

陈吉宁：《政府工作报告——2018 年 1 月 24 日在北京市第十五届人民代表大会第一次会议
　　上》，北京市人民政府网站，2018 年 2 月 24 日，http://www.beijing.gov.cn/zhengce/

zhengcefagui/201905/t20190522_60856. html。

《市委常委会召开会议 研究推进国际交往中心功能建设等事项 市委书记蔡奇主持会议》，北京市人民政府网站，2020 年 6 月 25 日，http：∥www. beijing. gov. cn/ywdt/hyxx/sw/202006/t20200625_1932454. html。

北京留学生体验与城市文化的对外传播*

赵晓晖**

摘　要： 来华留学生教育是中国文化对外传播的重要一环。本文通过
对北京第二外国语学院留学生的访谈，从公共交通、景区住
宿以及北京城市文化的对外传播等方面收集了在京留学生的
一手体验与感受，对目前北京城市文化对外传播的成就及不
足进行了客观的分析，并且从政策方面提出了两方面的建议。

关键词： 留学生　北京城市文化　对外传播

一　北京留学工作现状

来华留学工作是一项"发挥中国影响、传播中国文化、树立中国形象、
推动世界认同的奠基工程"①，北京作为中国的首都和全国高等教育发展的核
心地区，拥有独特的人文环境和丰富的教育资源，历来是国际学生留学中国
的首选城市。北京市为全面贯彻落实国家战略计划，于 2011 年公布实施
《留学北京行动计划》，明确了新形势下来华留学教育工作的目标任务和
"扩大规模、优化结构、规范管理、保证质量"的工作方针，希望构建起优

---

* 本文为北京第二外国语学院北京对外文化传播研究基地 2019 年度北京社科基金重点项目
"日本汉语教学文献中的清末民初北京城市文化研究"（项目编号：19JDLSA001）阶段性研
究成果。
** 赵晓晖，北京第二外国语学院汉语学院讲师，北京对外文化传播研究基地成员，主要研究
方向为汉语国际教育。
① 魏礼庆：《来华留学与国家战略》，《中国教育报》2015 年 11 月 25 日，第 11 版。

势突出、特色鲜明、有吸引力、有可持续发展能力的留学人员教育体系和良好的社会环境，巩固北京来华留学人员教育在国内的领先地位，使北京成为留学人员的主要目的地城市。据教育部网站消息，2018 年共有来自 196 个国家和地区的 492185 名各类外国留学人员在全国 31 个省（区、市）的 1004 所高等院校学习，其中在北京高校学习的留学生达到 80786 人，稳居全国第一。截至 2020 年，在北京就读的外国留学人员规模接近 11 万人，来京留学人员生源国别和层次类别更加均衡合理。可以说，《留学北京行动计划》的初步目标已经实现，下一步应该从数量转向质量，更加注重提升留学生在北京的体验，进一步提升北京城市文化的对外传播水平。

北京第二外国语学院是我国最早招收留学生的高校之一，自从 1981 年开始招收第一批留学生，至今已近 40 年。目前常年在校留学生稳定在 1000 人以上，分布在汉语言、汉语国际教育及旅游管理等多个专业。为了解留学生在京的文化体验，我们分批对在京留学一年以上的留学生进行了访谈，访谈对象的国别涉及日本、韩国、越南、埃及等多个国家和地区，访谈人数达 50 人以上。他们的感受与看法，不一定全面，也不一定具有普遍意义，但至少代表了部分外国人的心声，对北京进一步提升服务质量，不断改进工作有一定的借鉴意义。

二 北京留学生体验

（一）公共交通

受访外国学生普遍认为，北京的公共交通的硬件设施质量很高、速度很快、安全可靠。但是，在城市公共交通服务的可及性、便利性、国际化方面还存在需要完善之处。有人认为，北京巡游出租车的数量较少，对于不会使用网约车 App 的短期游客来说，在街上很难打到出租车；多数出租车的司机无法用外语进行简单的沟通，语言沟通方面的障碍给司乘双方都造成一些不便。此外，许多出租车司机不携带零钱，只接受移动支付，对于不会使用移动支付工具的外籍游客或只有现金的游客则以没有零钱为由拒载。留学生称，在城市公共交通的支付方式方面，交通卡固然方便，但对于使用现金的乘客来说，车上不设找零系统，极为不便。另外，中国目前只有地域性的交通卡，如北京的公交一卡通，缺少全国通用的交通卡。到了上海、广州，北京的一卡通就无法使用。即使是支付软件，到了不同的城市，也必须重新扫码，激活各地公共交通公司的小程序才能支付。特别值得注意的是，中国高铁站的自动取票机，只接受身份证验证取票，对于持外国护照的外籍游客来说，即使已经通过互联网成功购票，还必须要到车站的窗口去排队取票，这样，既浪费时间，也带来不便。

（二）景区住宿

有留学生认为，北京的一些景区游客太多，从而影响了游览的质量；但如果贸然进行限流、分流的话又会影响部分外来游客的计划，建议制定更为科学合理的制度并进行广泛宣传，进一步提升游客的满意度。许多旅游景区只有电子导览，免费的多语种纸质导览较少见到，而外籍游客一般喜欢购买或领取纸质的景区导览，更多的是为了留作纪念。景区的外语翻译，很多是直接采用电子翻译工具，错误较多，例如某景区的"出口"被直接翻译为国际贸易中"进出口"的"出口"，令人哭笑不得。景区工作人员的素质也有待进一步提高，有留学生指出，某景区的工作人员要求她出示身份证，她一再强调自己是外国人，只有护照，没有身份证，但该人员仍不能理解。景区卫生设施方面，中国自2016年进行"厕所革命"以来，厕所的设施、清洁程度已经有了很大提升，但是有的厕所的臭味依然是个大问题，这可能与下水道没有及时清理有关。另外，厕所里如果能提供免费的手纸，将极大地提升外国游客的便利性体验。

在中国，各地的住宿设施一般分为涉外宾馆与普通宾馆。只有涉外宾馆才可以接待外籍游客，普通宾馆不能接待。不少留学生说，他们理解这种规定的目的可能是为了外国人的安全，但涉外宾馆不仅数量少，而且价格普遍要比普通宾馆高很多。他们认为，并非所有的外籍游客都是富裕人士，而且即便富裕，也不应强制他们进行高消费，建议给予他们选择的自由。

（三） 北京城市文化的对外传播

在访谈中，很多留学生不约而同地提到，北京有三千年的建城史和八百多年的建都史，他们是抱着极为仰慕、好奇与兴奋的心情来到北京的，但是在北京生活一段时间后或多或少都会感到一些失望，主要原因是他们发现难以寻找到自己心目中那个古香古色的北京。固然，北京还有一些历史悠久的古迹，但大多属于旅游开发区，商业气息较浓，而北京的大部分地区则为高楼林立的现代城市，与其他国际城市相比，特色并不明显。对于外国人来说，如果只是短期前来旅游，则大可走马观花；但如果是长期居住生活在此，则难以体会到真正北京人的生活，难以感受到北京城市文化的底蕴。即使偶尔去真正北京人生活的胡同里面逛一逛，也难以发现影视中的那种精致与从容。当然，也有留学生认为，那种悠闲缓慢的传统北京人的生活可能已经不复存在了，自己可能是受到了影视的误导，但还是对那种想象中的古老的北京城市文化表现出欣赏与向往。

三 政策建议

留学是感受异国文明、体验他国文化的最好形式之一。随着我国对外开放程度的不断加深和对留学生政策的不断优化，势必有越来越多的留学生来到北京，并将北京的城市文化带到世界各地。在不久前结束的亚洲文明对话大会上，习近平主席明确提出"中国愿同各国实施亚洲旅游促进计划"。"亚洲旅游促进计划"当然包括吸引更多的外国游客来华游学、体验。北京作为首都，更要促进自身文化的对外传播，具体说来，应该从两方面进行努力。

第一，不断提升全体北京人员的素质，创建优美和谐的城市。这些年，随着我国经济与社会的发展，北京不少地方的硬件设施提升了，但软件设施——人员素质及服务的意识、理念、质量等方面，并没有得到全面的提升，根本的问题在于人员素质有待提升、服务理念有待转变。今后，应从家庭教育、学校教育、社会教育等方面入手，从小培养北京人的跨文化交际能力，适当提升外语实际应用水平，在全社会大力营造文明礼貌的氛围，不断提升北京人的素质。同时鼓励更多北京人走出去，吸收先进国家的经验，实现文明互鉴与交流。对于旅游服务不仅要做大做强，更要做精做细，在各个方面采取更加人性化的措施，在不断追求高科技的同时，不要忘了少数弱势群体，不光是对外国人，更应对所有人提供优质周到的服务，提升他们的体验感，让他们在每一次事务办理、公共交通乘坐、旅游住宿体验、旅游景区游览中，感受方便，感受尊重，感受文明，从而去接受、欣赏、宣传这种文明。

第二，要不断创新北京的城市文化发展理念。在追求现代化的过程中，我们不妨有意识地保留一些传统北京的生活特色。在规划设计方面，对于老旧小区甚至棚户区，不应一味采取拆旧建新的"一刀切"政策，而应着力保留甚至恢复一些传统北京的特色，如茶馆饭店、胡同小院、曲艺杂耍、名人故居等场所不应一拆了之，也不应过度商业化，而应该让这些历史遗存活起来，充满人间的烟火气。因此可以划出一定范围的片区，由政府出面清除私搭乱建，对胡同、四合院等古建修旧如旧，恢复老北京的原始风貌，继而引导原主人在维护现有风貌的前提下展开一定的经营活动，而不必强制要求原主人搬迁。在这方面可以借鉴京都、苏州等城市的经验，让外来客在与当地人品茶聊天、听书看戏的同时，体会到一个原汁原味的北京，而不必花大价钱到专门的楼堂馆所进行消费。希望能让留学生在现代化的"水泥森林"中，发现一个从容优雅、宠辱不惊的老北京，彰显北京城市文化的魅力。

参考文献

栾凤池、孙伟：《"一带一路"国家来华留学生教育的意义、问题及对策》，《江苏师范大学学报》（哲学社会科学版）2018 年第 1 期。

何雨桑：《论文化软实力视域下高校来华留学教育工作的使命》，《成都中医药大学学报》（教育科学版）2017 年第 2 期。

北京旅游文化对俄传播现状与对策研究

王晓娟[*]

摘　要： 北京是俄语国家游客来华必到之处，是他们了解中国和中国文化的首个窗口。通过对来京俄语国家游客游记和博文的分析，我们发现，游客对北京旅游文化氛围和旅游基础设施的满意度较高，但对旅游服务质量褒贬不一，对北京旅游文化内涵的了解不够深入，且存在误读。为此，应加强北京旅游文化对俄语国家传播的顶层设计，凝聚各级旅游管理和服务机构之力，深入了解俄语国家游客需求，在不断完善旅游硬件设施的同时，提升北京旅游文化软实力。

关键词： 北京旅游　俄语国家游客　北京旅游文化　对俄传播

一　引言

中国与俄语国家在"一带一路"框架下的合作不断深入，来华经商、学习、旅游、购物、疗养的人源源不断。中国在国际舞台上发挥着日益重要的作用，越来越多的人渴望了解当代中国，了解中国悠久的历史和丰富的文化。俄罗斯一家研究中心的调查报告显示，近 10 年来学习汉语的俄罗斯公民增加了两倍多，由 2007 年的 1.7 万人上升至 2017 年的 5.6 万人。[①] 俄罗

　*　王晓娟，北京第二外国语学院欧洲学院教授，博士，主要研究方向为翻译理论与实践。

① По России распространяется 《китайская лихорадка》: изучать китайский постепенно стало модным，2018，https：//inosmi. ru/social/20180519/242265483. html.

斯驻华代表、俄驻华大使馆一秘伊戈尔·波兹德尼亚科夫表示，2018 年初在华的俄罗斯留学生达到 1.8 万人，大多数在北京、上海、广州、南京、重庆和哈尔滨的高校学习。[①] 俄罗斯旅游业分析机构 TurStat 称，2018 年俄罗斯人到中国的旅游客流量增长了 1%，有 200 多万人，中国在俄罗斯游客最受欢迎的旅游目的地中排名第六。[②] 这为中国文化对俄传播提供了良好的机遇和巨大的空间。

民心相通是开展区域合作的基础，旅游活动会推动各国人民之间的相互了解。游客在旅游过程中的亲身经历常常能够改变其对旅游目的地文化固有的甚至是错误的认知；当然，也有可能进一步加深其原有认知。因此，对游客感受和体验的研究十分必要，从中可以反观旅游目的地文化的传播和接受状况，有助于旅游目的地相关部门改变理念，采取相应措施创新当地旅游文化传播方式，提高其旅游文化吸引力。

北京是中国"八大古都"之一，具有悠久的历史、丰富的旅游资源，拥有 7 处世界遗产，是世界上拥有世界文化遗产数量最多的城市。对于俄语国家游客来说，北京是中国所有城市中认知度最高的城市，认知度超过九成。[③] 它是游客了解中国和中国文化的首个窗口。笔者使用关键词 Пекин（北京）、путешествие（поездка）в Пекине（北京旅游）、отдых в Пекине（休闲在北京）在俄语搜索引擎 Yandex 上收集俄语国家游客在互联网上发布的讲述在京旅游过程中个人感受的游记和博文，在对其进行分析的基础上探究俄语国家游客的关注点和对北京旅游文化的接受状况，包括旅游景观及其所蕴含的历史文化元素、城市文化、饮食文化、购物及娱乐文化等，并针对其反映的问题提出建议。此外，本文还对莫斯科克里姆林宫官网（俄语及汉语版），圣彼得堡冬宫博物馆官网（俄语版）的结构和内容进行分析，希望对北京旅

---

① 俄罗斯卫星通讯社：《专家：截至 2018 年初俄在华留学生约 1.8 万人》，2018 年 2 月 22 日，http://sputniknews.cn/society/201802221024768674/。

② 俄罗斯卫星通讯社：《超两百万俄罗斯游客于 2018 年到访中国》，2019 年 3 月 20 日，http://sputniknews.cn/russia_china_relations/201903201027975932/。

③ 《俄罗斯来华旅游舆情调查报告》，《中国旅游报》2015 年 1 月 23 日，第 10 版。

游文化传播方式的完善和创新有所帮助。

二　北京旅游文化对俄传播现状

笔者对收集整理的俄语国家游客游记及博文进行分析后发现，从北京的名胜古迹到城市风貌和基础设施，从北京人的生活状态到饮食和娱乐休闲文化，他们的关注点几乎涉及北京旅游文化的各个方面。

俄语国家游客对北京旅游兴趣浓厚，他们认为"没有到过中国就不能说看过了大千世界"，而北京作为首都则是首次来华游客的必到之地。多数游客认为北京非常值得一游，表示会再次来京并在评论中向网友大力推荐。传统的名胜古迹依然具有吸引力，富有历史文化元素的人文景点依然是触发到京旅游的动机。游客赞叹故宫、雍和宫、天坛、景山、北海、颐和园、圆明园的悠久历史、独特的建筑风格和蕴含其中的皇家文化；胡同里的四合院、老北京人的生活状态以及民俗文化也令游客流连忘返。现代建筑和博物馆同样是俄语国家游客的首选，如奥运场馆（鸟巢、水立方）、国家博物馆、中国美术馆、首都博物馆等。气势磅礴、规模宏伟的长城以及其中蕴含的中华民族勤劳智慧、坚韧不屈的性格特点令游客惊叹，激发游客对修建长城背后历史的探究，专门有俄罗斯游客来京探寻未开发的长城地段。但与此同时，我们也发现，许多游客对这些名胜的了解并不深入，对其中蕴含的哲学思想、文化精髓、民族价值观等的认识较为模糊。比如只关注到"故宫面积大，建筑数量多，皇上妃子多，建筑色彩独特"，"中国古人竟然会有天圆地方的认识"等。

作为一座具有旅游吸引力的城市，北京拥有满足游客基本需要的基础设施，城市绿化得到极大改善，到处都是公园，公园内绿树成荫，游客不仅可以在此散步游玩，欣赏古代园林和建筑，还能够充分感受普通北京人怡然自得的生活状态。许多游客均提及了北京人在公园打牌、唱歌跳舞、运动健身、带孩子游玩等现象；认为北京人生活方式健康，小区和公园内健身器材随处可见，早起锻炼的居民比比皆是。北京人给游客留下了深刻而良好的印象，在旅游的过程中，他们随时随地都能感受到普通北京人的开放、善良、热情、助人为乐。北京非常安全，夜晚出行也不必担心。令游客感到无奈的是北京空气质量较差，雾霾严重，各大景区人满为患，影响旅游体验；与其他一些国家的首都相比，如东京、首尔、新加坡等，北京还不够干净、有序、文明，卫生条件有待完善。

北京市交通发达，有便利的公共交通（尤其是地铁），出租车规范，市区有专门隔离出的自行车道，景区附近也有方便游客的载客三轮车等。但市内交通拥堵现象严重，无论是自行车还是电动摩托车基本不遵守交规，不会礼让行人，因此在北京过马路要十分小心。此外，三轮车司机会纠缠游客、漫天要价，安全性难以保障。

北京拥有可以满足各种口味的餐饮场所，食物烹调方式的多样性令游客惊叹不已。对俄语国家游客而言，排在前三位的美食依然是北京烤鸭、火锅和饺子。不过，他们的"任何东西都可以成为中国菜的食材"这一认知根深蒂固，大多数人依然不会大胆尝试超出其认知范围的菜肴，他们宁可选择熟悉的快餐店（麦当劳或肯德基）或者是俄式餐厅。非旅游区的餐馆名称及菜单缺少英语标识是愿意尝试当地饮食的游客经常碰到的一个难题。

北京酒店数量多，大多数酒店设施完备，周边环境良好、交通便利。游客不满意的地方多数与房间卫生和服务质量有关。

北京的购物场所可满足不同层次游客的需求。曾有游客将北京购物场所分为四种：价高但物美、价廉且物美、价廉质参半、价廉却质低。游客购物场所选择多元化，既会去传统购物市场，如虹桥市场、秀水市场、潘家园和琉璃厂，也会走进北京百姓常去的大型商场和专卖店；所购商品呈现多样性，如茶叶、电子产品、刺绣、白酒、瓷器、珠宝首饰等。对传统购物场所的评价好坏参半，一方面赞叹购物场所规模大，商品琳琅满目、选择多样；另一方面则认为旅游购物市场不规范、价格奇高；销售人员纠缠顾客，影响购物体验；商品千篇一律，如大栅栏、琉璃厂千店一面，同质化严重；商品良莠不齐，质量难以把握。有的游客甚至称"虹桥市场"是假货市场，进一步加深了他们对"中国商品均是劣质品"的误解。

俄语国家游客对北京旅游娱乐文化评价较高。后海和三里屯酒吧街、南锣鼓巷、798 艺术区也是俄语国家游客闲暇时首选的娱乐场所，带孩子的家庭喜欢去北京动物园，因为这是设施齐全，不仅有游乐设施，如儿童游乐场、游船，还有小吃部、礼品店、公厕等服务设施。长安大剧院、梨园的京剧因其独特的服饰、脸谱、唱腔、表演形式以及剧院的艺术氛围给游客留下了深刻的印象。朝阳剧场的杂技表演、红剧场的功夫表演、茶社的茶艺表演深受游客欢迎。但游客关注更多的是表演形式，对其中蕴含的文化缺乏认知。

三 北京旅游文化对俄传播策略

从上述分析可以看出，俄语国家游客对北京旅游基础设施满意度较高，但对旅游环境和服务质量提出了更高的要求，对人文景观及旅游活动所蕴含的中华文化精髓、哲学思想、中华民族核心价值观缺乏了解，同时存在误读。因此，有必要加强北京旅游文化传播的顶层设计，制定专门针对俄语国家游客的宣传策略。为此应消除壁垒，举各方之力，整合北京市旅游管理机构和对俄旅游服务机构（旅游服务商、景区管理方、旅游商店、酒店、导游）掌握的信息，整合大数据资源，深度了解俄语国家游客需求，不断挖掘、创新北京旅游文化传播模式，开发具有吸引力的旅游产品，激发其深入了解北京、北京文化的愿望和兴趣，助力"一带一路"建设，推动"中华文化走出去"。

（一） 加快制作北京市主要旅游服务机构的俄语网页

全俄公共舆论研究中心 2018 年的一项调查显示，互联网的普及程度正在增长（包括新闻资讯网站、社交网站和博客），18—24 岁这个年龄段中有 91% 的人每天上网，25—34 岁中有 69%。[①] 游客评论显示，无论是参加旅游

---

① Каждому возрасту - свои сети, 2018, https://wciom.ru/index.php? id = 236&uid = 8936.

团，还是自助游，他们都会在出行前上网查询各类北京旅游信息。网上有中国和俄罗斯各旅行社、代理商、专业旅游咨询者提供的丰富翔实的旅游信息，还有游客发布的北京攻略，图文并茂、细致生动地描述在京期间旅游、住宿、出行、购物及娱乐各个环节，并附有注意事项，兼具提供信息和指南的作用。因此，面向俄语国家游客的旅游服务机构，尤其是重要景点的俄语网页的制作十分必要，可以说迫在眉睫，同时还要加快相应手机 App 客户端俄语版的建设。据笔者调查，目前莫斯科克里姆林宫官网已有汉语版，圣彼得堡冬宫博物馆官网主页已有"中文简"字样，虽然还没有具体内容，但至少已有制作中文网页的意向。而北京只有国家博物馆制作了俄语网页，而且只有部分藏品有俄语版介绍，俄罗斯游客必到的故宫博物院至今没有俄语版网页。

笔者在对莫斯科克里姆林宫官网和圣彼得堡冬宫博物馆官网分析后发现，这些博物馆十分重视界面友好，多使用图标、图片、"图片＋文字"、链接等形式；文字部分使用各种简洁、醒目的排版方式，突出重点信息。

博物馆网页主菜单包括很多内容，在制作俄语网页时可选择博物馆历史、游客须知、藏品欣赏这三个核心项目，其他可根据具体博物馆特点进行选择，如故宫博物院可增加博物馆商店（商店营业时间、联系方式，纪念品目录、配图及名称，纪念品可按照价格、字母及受欢迎程度进行分类）。

博物馆历史部分可介绍博物馆特点、博物馆文化和精神、历史、主要展品等。（1）采取"各历史阶段＋链接"的方式，不同层次的游客可以根据需要选择是否点开链接阅读；（2）用字体或编号区分不同模块的介绍，如历史沿革、展厅、展品等。冬宫博物馆的这一板块使用数字突出其面积之大和藏品之丰富（见图 1）。馆长致辞也应以吸引游客为目的，各自有所侧重。克里姆林宫和冬宫博物馆的馆长致辞都比较有特色，分别使用了视频致辞和馆长博文片段来展示。

游客须知部分是为游客提供信息（时间、票价）以及对游客行为的规范，因此这部分应该由简洁明了的文字说明和生动形象且醒目的图案/图画标志构成，以节省受众阅读时间，快速达到提示、警戒、禁止的作用（见图 2）。

图 1　冬宫博物馆官网数字信息及馆长致辞

图 2　冬宫博物馆官网游客须知

　　俄语主页会列出各展馆开放时间、票价、近期展览、博物馆平面图及交通路线平面图等，可点击链接查看感兴趣项目的具体内容。链接使页面简洁明了，不同字号或格式使重点信息突出，而不是将所有信息都放在一起。如图 3 是莫斯科克里姆林宫官网票价及游客须知的部分页面，在大标题（门

图 3　莫斯科克里姆林宫官网游客须知及票价

票·游览须知）下，左列首先是一段对主要展馆的介绍，第二段用黑体和符号标出各场所（博物馆、兵器库、售票处、导览处）的开放时间及链接；右列是各馆及展览的票价，同样也是可以点击链接详细查看。左列最下方斜体字是参观的注意事项。

藏品欣赏部分通过文字和图片对藏品进行介绍。克里姆林宫藏品欣赏主页是每排三种不同类型藏品，下面分别对应藏品名称及简要介绍。具体藏品的介绍通过点击链接可以获得，简洁醒目，重点突出。

博物馆是一个民族或地方历史的浓缩，藏品则是这一浓缩历史的体现，藏品欣赏是博物馆网页翻译的重点部分。首先，要保证重要信息的准确和统一，如中国朝代名称、皇帝年号，中国特有的文化符号。其次，对于大部分游客而言，藏品所包含的大量历史文化信息超出其知识范围，因此逐字翻译往往达不到预期效果，不宜全文照翻成俄语，而应进行适当增删、解释、重组和调整，去繁从简，有所取舍。宜使用平实的语言传递核心文化信息，适当舍弃文化信息密集的史籍典故、神话传说；酌情删减汉语中常见的用来渲染气氛、增强感染力的华丽辞藻，和排比、对仗等修辞结构；酌情调整专业性强的描述，以减轻受众的阅读压力；充分利用字体、数字编号或符号加以标示，突出重点信息，使阅读更为清晰明了。

由此可见，博物馆俄语版网页制作需要遵循以下原则：借鉴俄罗斯博物馆官网模式；官网主菜单要有选择性和针对性，不宜完全按照中文界面翻译，要始终将目标受众置于首位，明确哪些信息是他们感兴趣的，同时也是我们要重点传播的；网页文字信息要去繁从简，有所针对，有所取舍，充分考虑俄语受众的阅读和接受习惯，内容不求面面俱到，但求重点突出，图文并茂。

（二）充分利用中国官方对俄传播渠道，打造内容独特、形式新颖的宣传节目

北京历史悠久，可讲的内容有很多，关键是用什么方式吸引俄语国家游客的关注，用什么形式和视角讲好"北京故事"，激发其了解北京、北京文

化的兴趣，使中国文化不仅要"走出去"，还要真正"走进去"。宣传过程中要将旅游信息限制在游客期待视野之内，即将新信息与游客已有知识进行有机结合，将游客亲身感受、亲眼看到的物质文化与中国的精神文化相结合，使其产生相应联想的同时接受新的信息。如，北京古典皇家园林、四合院等独特建筑与风水、五行及天人合一的哲学思想；中医与阴阳消长、中正平和的哲学理念；民俗及其蕴含的中华文化核心价值观；北京的健康生活方式与养生文化（食疗、中医、茶文化）等。这方面有个别成功案例可以借鉴：CGTN 俄语频道曾经做过一期节目《北京的颜色》（«Цвет Пекина»）。该节目以北京的主色调——红色和灰色为主题，将北京独特的景点（故宫、胡同、长安剧院、大栅栏、瑞蚨祥等）和其中蕴含的文化元素（阴阳五行、京剧脸谱、婚嫁文化、传统节日等）有机地融合在一起，视角独特，形式生动活泼。另一个可以借鉴的案例是 2017 年由北京市政府、国际在线和北京市人民对外友好协会举办的"一带一路·爱上北京"系列活动，"丝路大 V"通过各自的社交账号分享在北京的所见所闻。该网页以新闻报道的形式介绍北京、北京人、在京外国人的方方面面，成为俄罗斯人了解北京的一个重要渠道。

（三）加强与俄语国家官方电视台的合作，制作他者视角看北京的节目

制作从俄语国家的视角看北京的节目，更容易拉近双方人民之间的距离，促进民心相通。以俄罗斯为例，近几年，中俄两国政府举办了一系列大型主题年活动，尤其是在 2016—2017 年的中俄媒体交流年之后，俄罗斯官方电台、电视台制作了一些讲述中国文化的专栏节目。如俄罗斯文化电视台（Россия-К）的一期节目《一个通晓多国语言的人在北京》（«Полиглот в Пекине»），其主题为学汉语，主持人没有中规中矩地介绍汉语的发音和结构，而是置身于真实的生活场景中，用汉语购物、游览、品尝美食，让观众了解汉语的特点和难点，激发他们对汉语以及其承载的文化元素的兴趣。节目拍摄地在北京，每个场景均精心设计，将语言与北京文化有机地融合在一

起：在潘家园古玩市场体验购物的乐趣，游览长城，在北京外国语大学与俄语教师探讨汉语和俄语两种语言的特点，在颐和园向北京人学习太极拳，感受北京人的健康生活方式，在餐厅品尝美味的北京烤鸭，在王府井夜市感受中国独特的饮食文化。节目形式新颖，视角独特，令人耳目一新，印象深刻。但遗憾的是，这类节目屈指可数，不成规模。

（四） 制作俄语版北京地图及重点景区平面图

语言障碍是俄语国家游客放弃来华旅游的一个重要因素。俄罗斯旅游网站 Aviasales 日前公布了俄罗斯人因语言障碍而放弃旅游的国家榜单，中国位列榜首，20% 的受访者担心在中国无法沟通交流。① 语料也同样显示，基本上每篇自由行游记多少都会提到中国人不懂英语，影响交流。因此应加紧制作俄语版北京地图及重点景点景区平面图，方便俄语国家游客来京游玩，同时应在北京各大重点景区增设俄文标识牌，尽量减少游客因语言不通而产生的障碍。

（五） 提高旅游服务从业人员素质，培养高端旅游人才，加强旅游商品质量的监管

首先，不论是对随团游客还是对自助游客来说，导游的重要性毋庸置疑，其在很大程度上决定游客对一个景点、一个城市，乃至一个国家的认知和体验，决定文化传播的效果。因此，十分有必要定期举办有针对性的俄语导游语言和职业素养培训，建立定期考核评估机制，不断提高其服务意识。加强旅游管理部门与高校之间的联系，编写俄语导游培训教程。其次，在俄罗斯人的固有认知中，"中国的商品是廉价、质量无保障的，中国商人是狡猾、毫无信誉的"，那么旅游市场的整顿，旅游商品质量的提高势在必行，

---

① ПРОВЕДЕН ОПРОС О ТОМ, КУДА РОССИЯНЕ БОЯТЬСЯ ЕХАТЬ ИЗ - ЗА ЯЗЫКОВОГО БАРЬЕРА, 2019, https://turako.ru/proveden-opros-o-tom-kuda-rossiyane-boyatsya-ehat-iz-za-yazyk-ovogo-barera/.

否则不仅无法改变其刻板印象，反而会加深这一误解。

四　结论

对于俄语国家游客来说，一方面，北京是一座具有旅游吸引力的城市，其城市文化、旅游景点、交通、餐饮、购物、娱乐等硬件基础设施完善，游客满意度较高，旅游体验愉快；另一方面，游客对北京旅游文化的体验还不够深入。因此，在不断完善硬件设施的同时，还需加强软件建设：整合大数据资源，深入了解俄语国家游客的需求，建立有针对性的北京旅游文化传播策略，充分利用官方及网络媒体创新旅游传播方式，加强各方合作以提升旅游服务水平。

创新驱动下的国际交流与合作
——以爱尔兰为例*

陆文玥**

摘　要： 欧债危机后，爱尔兰充分发挥制度优势，通过采取一系列的优惠政策吸引外资，在提高科技创新能力的同时，促进了国际交流与合作。本文通过分析爱尔兰在制定财税政策、构建创新驱动体系、建立人才培养模式和提升价值链区域性枢纽地位等方面的经验，探讨一国如何在全球价值链体系下构建创新驱动的国际交流与合作机制，以期对北京国际交往中心建设提供参考。

关键词： 创新驱动　国际交流与合作　财税政策　应用型人才

一　概述

爱尔兰位于欧洲西部，素有"翡翠岛国"的美誉。近年来，这个人口不足 500 万、国土面积仅 7 万多平方公里的国家，从一个以农牧业为基础的内

＊ 基金项目：教育部国别和区域研究2019年度课题"'一带一路'背景下中国—爱尔兰关系的新发展"（项目编号：19GBQY034）；大连外国语大学科研基金项目"经济转型期的产权和契约问题研究"（项目编号：2018XJYB10）；大连外国语大学教改重点项目"'大思政'格局下的区域国别研究与国际人才培养的结合"；大连外国语大学双创项目"俱乐部公共品与创新创业行为关系的研究"（项目编号：202010172134）。

＊＊ 陆文玥：大连外国语大学爱尔兰研究中心研究员，英语学院讲师，大连大学现代服务业国际合作研究中心副主任（兼），主要研究方向为国别经济、经济学、博弈论。

向型经济体成功转型成一个以知识经济为基础的高技术出口型国家，被誉为"欧洲之星"。特别是欧债危机以后，爱尔兰在税收、教育、创新政策、基础设施等方面发挥比较优势，通过吸引高科技企业入驻，形成知识型经济网络，进而产生产业集聚效应，使该国成为"欧洲硅谷"和跨国公司进入欧洲的门户。

爱尔兰迄今已吸引了 1200 多家跨国公司进入该国投资，产业主要分布于信息技术、生物医药等高科技领域，如英特尔、推特、辉瑞、花旗、武田。其中，来自中国的公司有华为、中国工商银行、国家开发银行、腾讯等。[①]

跨国公司的大量涌入，不仅提高了爱尔兰的科技创新能力和经济增速，更极大地提升了该国在全球价值链中的地位。2019 年，爱尔兰 IMD 全球竞争力排名第 7 位，其中经济表现排第 6 位，政府效率排第 11 位，商业效率排第 3 位，基础设施排第 23 位。[②]

作为一个曾深陷重债泥潭的农业小国，爱尔兰经过十年的努力，不仅第一个走出了债务危机，而且取得了骄人的业绩，这与其创新驱动体系建设和跨国公司的集聚效应密不可分。这对于北京在全球价值链体系下构建国际交往中心具有一定的借鉴意义。

二　爱尔兰的经验

（一）通过灵活而审慎的财税政策吸引跨国公司入驻

1. 发挥税收竞争优势，吸引跨国公司投资

20 世纪 90 年代末，爱尔兰面临低增长、高债务、高失业的经济困局。为走出低谷，该国将公司所得税税率下调至 10%（2003 年以后为 12.5%），成为欧盟成员国中公司所得税税率最低的国家。此外，爱尔兰的欧盟成员国

---

① 爱尔兰投资发展局网站，https://www.idaireland.cn/invest-in-ireland。
② 瑞士洛桑国际管理发展学院网站，https://worldcompetitiveness.imd.org/countryprofile/IE/wcy。

身份，以及与 73 个国家缔结的税收协定，为跨国公司避税和转移利润提供了极大便利，被全世界公认为"避税天堂"。根据爱尔兰法律，跨国公司可以将收入从设立在爱尔兰的公司转移至另外一个注册地为爱尔兰但实际运营却在税率更低区域的公司，这被称为"双层爱尔兰"。

2019 年，爱尔兰全球税收竞争力排名第 17 位。该国的税收政策优势主要体现在：公司所得税税率在欧盟各国中最低（12.5%）；没有资本弱化规定；经营净损失（NOLs）可于一年期抵税且无限期预抵税。公司所得税税率远低于经合组织（OECD）平均公司所得税税率（23.6%），标准差（2.03）亦在平均标准差（5.4）范围之内。这使得爱尔兰在全球价值链中始终具有相当强的竞争力。

尽管"双层爱尔兰"在国际社会引起颇多争议，但该模式已着实为爱尔兰摆脱短期经济困难创造了宝贵的"时间窗口"。2019 年，爱尔兰从长期经济发展需要出发，建立健全税收制度，国际税收制度竞争力从 2018 年的第 21 位大幅提升至第 13 位，其中国际税收规制竞争力居全球首位。按照规制方案，爱尔兰将对受控外国企业所有非真实的交易安排（non-genuine arrangements）征收所得税，例外情况包括低于一定利润水平和收入门槛（below certain profit and income thresholds）、转移定价规则适用（transfer pricing rules apply）、通过实质目的测试（passes the essential purpose test）三种情况。相反，爱尔兰 23% 的增值税税率在 OECD 国家中最高，而消费税基相对较窄，比例为 49.9%。[①]

可见，爱尔兰的减税计划是结构性的，既灵活又审慎。针对高新技术企业税收弹性较高的特点，爱尔兰通过降低公司所得税税率以扩大税基，产生拉弗效应，这无论是对投资东道国还是对跨国公司而言都极具吸引力。

IMF 报告显示，1995—2016 年，爱尔兰的 FDI（国际直接投资）流入量占 GDP 的比例从 60% 上升至 275%，其中最大来源国为美国，约占总流入量

---

① Elke Asen and Daniel Bunn, "International Tax Competitiveness Index 2019," Tax Foundation, https://taxfoundation.org/publications/international-tax-competitiveness-index/.

的 70%。相应地，跨国公司向爱尔兰缴纳了 80% 的公司所得税，其中美国约占 56%，贡献了 1.5% 的 GDP。[①] 同时，这些跨国公司为爱尔兰创造了 25% 的就业岗位和 57% 的产品附加值。OECD 报告显示，2014 年，外资给爱尔兰创造的总产值约 2326.29 亿美元，占该国总产值的 45.7%，居世界第二位，与卢森堡（45.7%）并列欧元区第一。从需求角度看，出口为爱尔兰贡献了 50% 的工作岗位。2018 年，美国在爱尔兰的投资额达 3340 亿欧元，超过了爱尔兰历年 GDP。[②]

2. 增强财政能力，提高国家整体信用

在欧债危机中，爱尔兰债务问题的根源是房地产泡沫破裂导致的短期流动性问题。鉴于此，爱尔兰将所获 850 亿欧元救助资金中的 41.2%（350.2 亿欧元）用于救助银行，其余资金注入政府支出计划。按照《稳定与增长公约》要求，爱尔兰在 2015 年以前须将财政赤字对 GDP 占比削减至 3% 以下。为此，爱尔兰政府有步骤、有次序地实施了财政紧缩方案。

在削减支出方面，爱尔兰政府于 2010 年首先削减工资支出，两年后（2012 年）开始削减社会福利支出和医疗支出，三年后（2013 年）开始削减养老金支出，教育支出变化不大。整体上，经常性支出、资本性支出和总支出从 2010 年开始均呈现下降趋势。在不考虑价格因素影响的前提下，截至 2014 年，经常性支出减少约 11.1%，资本性支出减少约 54.8%，总支出减少约 16.2%。在增加税收方面，所得税、消费税、增值税和公司税逐年递增，此四大税种占税收总额的 93% 以上。2013 年，爱尔兰开征房产税，仅占税收总额的不足 1%。其他税种有增有减，变化幅度不大。在不考虑价格因素影响的前提下，截至 2015 年，爱尔兰税收总额比 2011 年增加了 24.3%。爱尔兰的财政赤字对 GDP 占比从 2010 年的 32.3% 下降到 2015 年的 2.3%，达到《稳定与增长公约》要求。[③]

---

① IMF, "Ireland Selected Issues," *IMF Country Reports* 16（2015）：18 – 22.

② C. Cadestin, et al., *Multinational Enterprises and Global Value Chains： The OECD Analytical AMNE Database*（Paris：OECD Trade Policy Papers, 2018），p. 22.

③ 刘宁悦、王黎明：《爱尔兰从"欧猪"到"欧星"的蜕变》，《国际商务》2016 年第 8 期。

税收规模的增加和财政能力的增强，使爱尔兰具备了作为投资东道国提供公共产品的实力，同时也提升了该国的国家信用和国际形象。首都都柏林和香农自贸区迅速崛起，成为跨国公司在全球价值链体系中拓展欧洲市场的战略枢纽。

（二）构建以都柏林和香农自贸区为中心的"双核"创新驱动体系

1. 以都柏林为中心的科技创新体系

欧债危机后，爱尔兰重回全球十大最具创新力经济体行列，并一直延续至今。这主要得益于爱尔兰充分利用作为欧盟成员国的身份，有针对性地加大招商引资力度，使资本和人才大量涌入。1969年，爱尔兰成立爱尔兰投资发展署（IDA），该署于1994年成为爱尔兰政府促进招商引资工作的专门机构，总部设在都柏林，在爱尔兰国内设有8个地区性分支机构，在海外12个国家设有近20个代表处，包括中国北京、上海和深圳。爱尔兰政府在20世纪末及时把握住世界科技浪潮的发展趋势，提出将信息通信技术和生物技术列为重点发展领域。目前，已经有1500多家大中型海外企业在爱尔兰设立分支机构，形成了信息通信技术、生物制药、航空融资租赁和服务外包等多个优势产业集群。世界十大飞机租赁公司都在都柏林设立了总部，承揽了全球一半以上的飞机租赁业务。2019年，爱尔兰全球创新竞争力排名第12位，首都都柏林全球城市竞争力排名第37位。①

同时，爱尔兰政府设立了较为完备的科技创新体系，包括科技与创新内阁委员会、爱尔兰科学基金会、教育科学部及企业贸易就业部。其中，通过科学基金会建立了一系列资助体系，用于吸引国内外人才；通过企业贸易就业部扶持国内高新技术企业，强化产学研合作机制，大力发展知识密集型产业。

2018年，爱尔兰投资发展署宣布推出区块链研发项目"爱尔兰区块

---

① 世界知识产权组织网站，https://www.wipo.int/portal/en/index.html；西班牙纳瓦拉大学商学院网站，https://citiesinmotion.iese.edu/indicecim/？lang=en。

链"，力图在区块链领域里实现突破创新，同时吸引更多跨国公司投资。总理利奥·瓦拉德卡则表示，要将都柏林打造成为欧洲的"科技之都"。

2. 以香农自贸区为中心的知识价值链体系

爱尔兰香农自贸区成立于 1959 年，是世界上第一个自贸区和第一个免税工业区。作为一种经济组织的创新，爱尔兰政府成立了香农开发公司负责自贸区的管理和经营，该公司是一家由政府控股的有限责任公司。20 世纪 70 年代以后，香农开发公司探索园区转型，先后经历了"劳动密集型—技术密集型—服务业经济—知识型经济"的转型过程。爱尔兰政府与香农开发公司签订了 100—130 年的长期租赁合同，香农公司以较低租金取得建设用地使用权，大力发展软件和外包服务产业。

同时，爱尔兰政府通过制定国家发展计划、设立专项研究基金、实施财税优惠政策等一系列措施，促进园区产业的发展。园区已有内资企业 600 余家，外资企业 120 余家，包括三星、英特尔、微软等世界 500 强企业 10 余家。目前，香农自贸区的产业涉及航空、网络通信技术、电子软件、国际金融服务、工程、物流配送以及化工医药等多个领域，已成为世界最重要的服务外包基地之一，被誉为"欧洲软件之都"。

中国在改革开放以后，借鉴了香农自贸区经验，并结合本国国情，建立了具有中国特色的经济特区和开发区。2012 年，时任国家副主席习近平在考察香农开发区时指出，香农开发区是世界上最早、最成功的经济开发区之一，几十年来不但为爱尔兰经济发展作出了重要贡献，也为世界上不少国家的开放型经济发展提供了有益借鉴。中国建设经济特区、上海浦东新区、天津滨海新区等就借鉴了不少香农开发区的有益经验。① 此外，以香农机场为中心形成的欧洲三小时经济圈，有力地推动了爱尔兰空港经济的发展，同时也成为通往欧洲甚至拉美的"门户"。2015 年 5 月，国务院总理李克强在出访拉美四国时，因飞机续航能力限制"技术经停"香农机场，并见证了双方

---

① 《习近平参观考察爱尔兰香农开发区》，新华网，2012 年 2 月 19 日，http：//www. xinhuanet. com/world/2012 - 02/19/c_111542251. htm。

便利人员往来、农业等领域合作文件的签署。① 2016 年 4 月，中国（上海）自由贸易试验区与爱尔兰香农自由区签署战略合作备忘录，双方将在飞机融资租赁、航空产业链、跨境投资、融资租赁配套产业及跨境电子商务等领域开展合作。②

（三） 发展与跨国公司人才需求相匹配的创新型、应用型人才教育

爱尔兰通过建立以职业和产业为导向的应用型人才培养模式，使国家的人力资本形成与跨国公司的人才需求有效匹配，取得了良好效果。一方面，国家通过设置职业技术学院，为企业提供大量的优质应用型人才。另一方面，政府和企业通过联合投资的方式，建立科研转化基地和创业孵化器，为社会输送了大批创业型人才。

20 世纪 50 年代，随着爱尔兰对外开放程度的不断提高，既有的人才培养模式已不能适应跨国公司对高层次技能型人才的需求。鉴于此，爱尔兰于 1960 年组建了高等教育委员会（Commission on Higher Education），就此问题开展了调查。调查显示，爱尔兰的技能和科技教育与职业岗位不匹配，同时缺少国家认证的技工文凭（Technician Diploma）。为适应社会发展需要，爱尔兰政府迅速启动了区域技术学院（Regional Technical College）和国家高等教育学院（National Institute for Higher Education）的建设，经过二十多年的努力，形成了由 14 所技术类学院组成的旨在培养应用型人才的爱尔兰理工学院联盟（Institutes of Technology Ireland）。

1980 年，都柏林国家高等教育学院（National Institute for Higher Education）成立，该学院是爱尔兰两所具有大学层次的国家级高等教育学院之一，并于 1989 年升级为都柏林城市大学。1992 年，都柏林理工学院（Dublin Institute of Technology）成立，是爱尔兰第一个理工类大学。以该学院为中心，

---

① 《李克强"经停"爱尔兰何以被升格为过境访问》，中国新闻网，2015 年 5 月 18 日 http://www.chinanews.com/gn/2015/05－18/7283115.shtml。

② 《上海自贸区与爱尔兰香农自由区签署战略合作备忘录》，中国新闻网，2016 年 4 月 13 日 http://www.chinanews.com/cj/2016/04－13/7832864.shtml。

先后在都柏林周边地区建立了三所理工学院。根据《爱尔兰国家高等教育战略2030》（*Irish National Strategy for Higher Education to 2030*），都柏林理工学院有望与其他区域性理工学院构建联盟型技术大学，以期产生更大的集聚和协同效应。[①]

从产业分布来看，爱尔兰的应用型大学根据本地区产业人才需求发展自身优势学科，体现出明显的产业区位导向。例如，阿斯隆理工学院（Athlone Institute of Technology）在软件和信息化方面优势明显，为爱立信等企业输送了大批信息通信技术（ICT）专业毕业生。科克理工学院（Cork Institute of Technology）重视生物制药领域的人才培养，与当地制药企业的人才需求相匹配。

同时，爱尔兰的综合性大学在强调科研能力的同时，也积极发展应用型学科和专业，体现出产学研有机结合的办学理念。其中，都柏林大学、科克大学等不仅科研实力雄厚，在商学、生物制药、计算机等应用领域也发展迅猛。这些高等科研院所的经费约有三分之一来自企业，他们依托本地区跨国企业的优势资源，广泛开展校企合作，实现了科研成果向人力资本的转化。

2019年，爱尔兰全球科技实力排名第12位，竞争优势明显。爱尔兰"创新2020"计划重点规划了六大发展领域，包括ICT、健康、食品、能源与气候行动及可持续性、制造和材料、服务和商务过程。针对ICT产业的人才需求，爱尔兰继续实施第三批"技术技能2022"（Technology Skills 2022）计划，为相关企业培养高层次技术人才，在校生中有近30%为理工类专业学生。此外，还开设了校外终身学习计划。其中，"跳板＋"（Springboard＋）项目为所需地区提供了9000多个免费培训平台，"爱尔兰技能网"（Skillnet Ireland）项目为16000多家企业和逾55000名培训生提供技能培训，"爱尔兰未来工作"（Future Jobs Ireland）项目致力于在2025年以前将从事终身学

---

① 董衍美、张祺午、董衍勇：《爱尔兰应用型高等教育的演变、现状与变革趋势》，《职业技术教育》2016年第9期。

习的人员比例翻倍。① 爱尔兰教育与科技部部长理查德·布鲁顿表示，目前爱尔兰的中国留学生数正在以每年 20% 的速度增长，随着中国"十三五"规划将创新创业作为关键发展领域，爱尔兰愿意结合自身经验，与中国在一些领域建立长期伙伴关系。②

（四）优化营商环境，以跨国公司为纽带，提升在全球价值链中的地位

1. 爱尔兰在全球价值链中的区域性枢纽地位

爱尔兰始终是美国据以进入欧洲的重要枢纽。WTO 报告显示，美国始终是全球价值链体系中最大的供应和需求枢纽。2017 年以前，美国主要是通过爱尔兰和英国供应德国，进而开拓欧洲市场。随着英国成为欧洲枢纽，中国、日本、韩国成为亚洲枢纽，美国转而通过荷兰和卢森堡供应德国。2017年以后，德国切断了向俄罗斯的供应，继续供应法国和意大利，并新增了向波兰的供应。在亚洲，中国取代日本成为亚洲大型供应枢纽，通过传统贸易网络从美国进料，并向其他亚洲国家出口服务增值产品。尽管中国直接或间接向亚洲出口，但其很大程度上依赖于美国制造的中间服务，并在国内加工成最终产品。

在全球价值链需求体系中，德国和中国一般直接面向美国市场，爱尔兰则或直接对接或通过德国对接美国市场。此外，全球价值链的特点还表现为，地理距离对全球分散的生产具有相当大的影响，网络越复杂，中间产品的跨境交易越集中。③

可见，对跨国公司而言，爱尔兰既是全球价值链中承包制造环节的销售

---

① IDA Ireland, "Facts about Ireland," 2019, https://www.idaireland.com.

② 张东:《高素质"双创"人才帮爱尔兰渡过经济"难关"——访爱尔兰教育与技能部部长理查德·布鲁顿》，中国社会科学网，2016 年 11 月 4 日，http://sky.cssn.cn/jyx/jyx-gjjy/201611/t20161104_3263997.shtml。

③ *Global Value Chain Development Report* 2019: *Technological Innovation, Supply Chain Trade, and Workers in a Globalized World* (Geneva: WTO, 2019), pp. 30 – 34.

端，又是美国与欧盟之间的桥梁，这同时也为"双层爱尔兰"向"双层爱尔兰 + 荷兰三明治"的延伸提供了条件。

2. 政府效率和基础设施

爱尔兰能够吸引并留住跨国公司，不只是由于其优越的税收政策，还与"安商、惠商"的投资环境有关。一方面，爱尔兰的政府效率居世界前列，包括投资激励的措施、开放包容的环境、健全的法律法规等。另一方面，爱尔兰不断完善和改进基础设施，包括英语运用能力、ICT 服务业出口、航空运输及中学招生制度等。[①]

在东部，形成了都柏林—贝尔法斯特走廊（Dublin-Belfast Corridor），为与英国之间的国际交往提供了便利。此外，英爱两国于 2014 年达成了两国间短期签证互免协议，使该走廊成为爱尔兰和英国的绿色通道。在西部，形成了科克—利默里克—戈尔韦走廊（Cork-Limerick-Galway Corridor），充分发挥了香农自贸区的空港优势。其中，都柏林机场和香农机场是目前美国在欧洲唯一的入境前预检地。爱尔兰三大港口——香农福音斯（Foynes）、科克和都柏林的大宗商品吞吐量占该国的 80% 以上。根据爱尔兰《国家开发计划 2018—2027》，该国未来十年将投入 1160 亿欧元用于公共基础设施建设和基建工程领域，主要包括企业、技能和创新能力、住房和城市可持续开发、国家公路网、绿色公交和气候行动。

综上所述，爱尔兰通过优惠的税收政策和欧盟成员国的特殊身份，吸引了大量跨国公司投资入驻。同时，国家创新体系的构建有效地激发了跨国高科技公司的知识溢出效应，创新教育政策的实施不仅满足了跨国公司的人才需求，更为该国带来了高质量的就业。尽管爱尔兰在硬件基础设施方面仍需加大投入力度，但该国较高的政府效率和良好的投资环境，为提升其在全球价值链中的地位平添了优势。因此，爱尔兰通过协同创新打造总部经济，通过产业集聚促进国际交流，其经验值得借鉴。

2014 年 12 月 9 日，中国国家主席习近平在会见爱尔兰总统希金斯时强

---

① IDA Ireland, "Facts about Ireland," 2019, https://www.idaireland.com.

调，爱尔兰在信息技术、制药、生命科学等领域具有独特优势，农牧业基础好，中国正在推进创新驱动发展战略，加快城镇化、农业现代化，双方可以加强合作。[①] 2019 年，时值中爱两国建交 40 周年之际，习近平主席在致希金斯总统的贺电中强调，双方以此为新起点，推动中爱互惠战略伙伴关系迈上新台阶，造福两国和两国人民。[②]

三 爱尔兰经验对北京国际交往中心建设的启示

（一）在总体战略中，加强国际交往中心和科技创新中心的相互协调与促进

从爱尔兰的经验看，一方面，政府的公共品供给（包括税费减免、基础设施、政策协调等）能够有效促进国际交往，而国际交往范围的扩大有利于吸引高科技企业入驻，并通过知识和技术的溢出激励创新。另一方面，在全球价值链体系下，跨国公司所产生的产业集聚和协同效应提升了城市在产业链"微笑曲线"上的地位，进而增强了其在国际交往中的影响力。

根据《北京城市总体规划（2016 年—2035 年）》，国际交往中心建设要着眼承担重大外交外事活动的重要舞台，服务国家开放大局，持续优化为国际交往服务的软硬件环境，不断拓展对外开放的广度和深度，积极培育国际合作竞争新优势，发挥向世界展示我国改革开放和现代化建设成就的首要窗口作用，努力打造国际交往活跃、国际化服务完善、国际影响力凸显的重大国际活动聚集之都。相应地，科技创新中心建设应加快建设具有全球影响力的全国科技创新中心，努力打造世界高端企业总部聚集之都、世界高端人才聚集之都，使北京成为全球科技创新引领者、高端经济增长极、创新人才首

---

① 刘华：《习近平同爱尔兰总统希金斯举行会谈》，新华网，2014 年 12 月 9 日 http://www.xinhuanet.com//politics/2014 - 12/09/c_1113581444.htm。

② 《习近平同爱尔兰总统互致贺电》，新华网，2019 年 6 月 23 日 http://www.xinhuanet.com/mrdx/2019 - 06/23/c_138165733.htm。

选地。①

可见，良好的国际交往环境和优化的营商环境，有利于世界高端企业总部和高端人才的聚集，从而增强北京在全球价值链的地位和影响力，进而拓展对外开放的广度和深度，形成国际交往和科技创新之间的良性循环。因此，在国际交往中心建设中应兼顾创新意识和营商环境导向，同时在科技创新中心建设中应兼顾人文关怀和价值增值导向。

（二） 依托京津冀一体化优势，打造环渤海产业聚集高地

目前，世界上的国际交往中心按照"中心—外围"标准大致可以分为三类，即点状专属功能区（如华盛顿、日内瓦）、"点—线"结合功能区（如巴黎）和"点—面"多中心功能区（如都柏林、东京）。就产业分工和功能互补性而言，上述城市均具有"极增长"和"极扩散"的特征。

2019 年 9 月，北京推进国际交往中心功能建设领导小组第一次全体会议召开，强调要形成"一核两轴四区域"的空间布局。其中，"一核"指首都功能核心区，旨在优化提升现有国事活动空间；"两轴"指中轴线和长安街及其延长线，是国际交往功能的集中承载区；"四区域"中，东部地区要着力提升外交外事功能承载能力，北部地区要提升重大外交外事活动综合保障能力，西部地区要强化国际科技创新合作和国际文化体育交流功能，南部地区要打造国际交往新门户。②

可见，北京国际交往中心并不同于以上三种类型，而是一种同时涉及北京市、天津市和河北省的"点—线—面"三位一体模式，因此必然要依托京津冀一体化的优势，发挥区域间的协同效应。此外，中国已取代日本成为全球价值链亚洲区域最大的核心枢纽，这意味着首都北京的国际影响力将更大。因此，还应充分发挥环渤海经济圈"海—陆—空"多式联运优势，通过

---

① 《北京城市总体规划（2016 年—2035 年）》，北京市人民政府网站，2017 年 9 月 29 日，http://www.beijing.gov.cn/gongkai/guihua/wngh/cqqh/201907/t20190701_100008.html。

② 《北京推进国际交往中心功能建设领导小组召开首次全体会议》，《新京报》2019 年 9 月 4 日，http://www.sohu.com/a/338560807_114988。

自贸区间联动打通区域间贸易障碍，建立沿海自贸港与内陆空港相结合的环渤海自贸经济带，使之成为亚太经济合作的集聚地。

（三） 实施有针对性的减税降费措施，吸引高科技跨国公司入驻，同时引导部分企业转型升级

自 20 世纪 80 年代中期开始，英国、美国、爱尔兰等世界主要经济体都纷纷通过减税吸引外国资本，其中以公司所得税和个人所得税为主。经验表明，降低公司所得税有利于扩大税基，从而产生拉弗效应，而降低个人所得税最高边际税率，提高个税标准扣除额，则有利于吸引高层次人才，增强该地区人力资本的集聚效应。研究表明，经济一体化程度和资本流动性与公司所得税税率负相关，但产业集聚效应与公司所得税税率正相关。[①]

因此，短期内可以有针对性地实行减税降费，有利于吸引外资，而当产业集聚效应形成之后则可以逐渐减少对税收的减免。针对高科技企业税收弹性较高的特点，可以合理利用自贸区在关税减免和转口贸易等方面的优势，大力吸引具有创新竞争力的跨国公司前来投资。同时，对于高污染、高耗能企业，可以在维持既有税率的同时，降低产业集聚程度，鼓励其向低污染、低能耗方向转型，甚至引导其退出该区域。此外，可以通过降低个人所得税税率吸引高层次、应用型人才，引智入京。

（四） 加大力度培养应用型人才，激发"双创"活力和自主创新力

从经济学角度讲，内生技术是长期经济增长的核心驱动力。尽管一国在短期内可以通过跨国公司产生的技术溢出效应获得外生技术，但要想保持经济长期向好，培养自主创新力是关键。从爱尔兰的经验看，跨国公司带来了先进技术和创新理念，同时激发了该国内生的创新创业热情。继而，爱尔兰

---

① R. Baldwin and P. Krugman, "Agglomeration, Integration and Tax Harmonization," *CEPR Discussion Paper* (2000); M. Blomstrom and A. Kokko, "The Economics of Foreign Direct Investment Incentives," *NBER Working Paper* (2003); A. Hansson and K. Olofsdotte, "Integration and Tax Competition: An Empirical Study of OECD Countries," *Working Paper* 4 (2005).

通过构建国家创新体系和进行"双创"教育使内生技术进步制度化、经济增长长期化。此外，作为欧元区唯一讲英语的国家，爱尔兰使英语服务于国家战略，增强了该国的国际交往能力。

职业衔接、产业匹配，将有利于应用型人才的培养和"双创"活力的激发。目前，京津冀地区已初步形成了研发与服务（北京）—商品流通与资本运作（天津）—商品流通与装备制造（河北）的产业链体系。然而，在教育资源分布方面，北京市明显过于集中，因此在向周边疏散部分教育资源时，可以以学科和专业为载体，根据周边地区的产业布局合理分配，并在当地组建应用型教育机构。在应用型人才培养方面，应从国际交往中心和科技创新中心的实际需要出发，坚持文理并重的原则。特别是在"一带一路"倡议背景下，大力推动非通用语专业建设，促进与共建国家的教育双向交流，将会进一步提高北京的国际影响力。

北京科技创新中心对外传播话语体系研究与展望

杜明明[*]

摘　要： 科技创新是推动北京高质量发展的第一动力也是必由之路。与旧金山、波士顿、伦敦等全球一流科技创新城市相比，北京还存在人才集中度较弱、前沿科技成果较少、创新环境差距较大、底端制造业比重较高等不足。为赶超全球一流科技创新中心，北京应集中力量打造全球科技创新人才聚集地、重点发展全球前沿科技创新产业、营造全球一流科技创新环境、加大力度推动高科技制造业发展。构建北京科技创新中心对外传播话语体系，应重视完善对外传播话语体系布局、发挥新媒体技术优势、把握"一带一路"倡议和北京冬奥会等发展机遇期。

关键词： 科技创新中心　对外传播　话语体系

科技创新既是引领北京发展的第一动力，也是唯一出路。北京建设具有全球影响力的全国科技创新中心，既是北京自身发展的需要，也是中央赋予北京的国家责任。与全球一流科技创新城市进行比较，发现存在的差距和不足，有利于北京明确发展方向，更好地推进全国科技创新中心建设。

---

　* 杜明明，北京第二外国语学院讲师，博士，主要研究方向为对外传播话语研究等。

一　北京与全球一流科技创新城市比较

根据《2019"理想之城"全球科技创新策源城市分析报告》和《2019年全球创新指数报告》等最新统计结果显示，北京已进入全球创新引领城市前列。但是，在以下方面，与全球一流创新城市相比尚有差距。

（一）人才集中度较弱

创新的根本在于人才。人才集中度决定了一个城市科技创新的长期发展潜力。北京一直重视吸引顶尖人才，但是在人才集中度方面与其他全球创新城市相比却表现不佳。2019年，世界著名投资管理及服务公司仲量联行（JLL）公布的最新研究报告《创新地域报告2019》（*Global Research 2019*）显示，北京在全球科技创新城市前20强排名中位列第四，创新生态整体实力已经超过伦敦、巴黎和纽约等世界著名科技中心。然而，北京在人才集中度方面与世界老牌创新中心相比还存在明显差距，未能跻身全球人才集中城市前20名。美国、欧洲和澳大利亚的创新城市在人才集中度方面居于全球领先地位（见表1）。更加完善的城市和教育系统是欧美创新中心在全球人才竞争中名列前茅的重要原因。与波士顿、伦敦、纽约、旧金山等创新城市相比，北京拥有世界顶尖大学的数量以及排名还有很大差距。根据《泰晤士高等教育》发布的2019版世界大学排名，北京有2所高校进入全球前200名，但美国和英国高校几乎完全垄断全球前20名。

表1　2019年全球20大创新城市

科技创新城市前20强		人才集中城市前20强	
排名	城市	排名	城市
1	旧金山	1	伦敦
2	东京	2	旧金山
3	新加坡	3	华盛顿

续表

科技创新城市前 20 强		人才集中城市前 20 强	
排名	城市	排名	城市
4	北京	4	圣何塞
5	伦敦	5	西雅图
6	圣何塞	6	波士顿
7	巴黎	7	悉尼
8	纽约	8	巴黎
9	波士顿	9	奥斯陆
10	首尔	10	墨尔本
11	上海	11	苏黎世
12	洛杉矶	12	奥斯汀
13	慕尼黑	13	丹佛
14	深圳	14	赫尔辛基
15	西雅图	15	爱丁堡
16	悉尼	16	柏林
17	多伦多	17	纽约
18	柏林	18	斯德哥尔摩
19	阿姆斯特丹	19	东京
20	斯德哥尔摩	20	慕尼黑

资料来源：Carol Hodgson and Matthew McAuley, *Innovation Geographies*：*Global Research 2019*（Chicago：JLL，2019），p. 3。

（二） 前沿科技成果较少

北京在科研成果产出数量上已经取得显著成绩，但仍存在质量不精的问题。以 SCI 论文发表总数为例，北京位居全球第一，但高水平论文的比例偏低，只有排名相近的其他城市的不到一半。2019 年 5 月，上海市科学研究所发布《2019 "理想之城" 全球科技创新策源城市分析报告》，调查全球 20 个科技创新中心城市。与旧金山、波士顿等全球顶级创新城市相比，北京在开创和引领全球科技创新热点方面尚有显著差距。根据各城市 2012—2018 年入选《自然》（*Nature*）十大科学人物和《科学》（*Science*）十大科学进展数量来看，旧金山和波士顿显示了在全球科技创新城市中的超强领导地位，其入选两大权威杂志的科技成就榜单的数量高达 12 项，而北京仅有 3 项（见表 2）。

表 2　2012—2018 年入选《自然》十大科学人物和《科学》十大科学进展数量

序号	城市	数量
1	旧金山	12
2	波士顿	11
3	伦敦	4
4	北京	3
5	纽约	2
6	东京	2
7	洛杉矶	2
8	上海	2
9	巴黎	1
10	柏林	1
11	深圳	1

资料来源：《2019"理想之城"全球科技创新策源城市分析报告》，上海市科学学研究所，2019。

（三）创新环境差距较大

2018 年 4 月，上海市信息中心发布的《2017 全球科技创新中心评估报告》从创新文化、居住条件、便利程度、政策环境等诸多方面对全球 165 个城市的创新环境进行综合评价。根据研究报告的数据来看，北京在创新环境方面不仅与世界一流科技创新城市有很大差距，甚至远远落后于上海（全球排名第 21）、巴西圣保罗和印度新德里等新兴创新城市。除了高级宾馆数量（全球排名第 9）和航线数量（全球排名第 10）两项排名进入全球前十外，北京其他创新环境评价指标的全球排名都十分落后。旧金山和纽约是全球高端职位供给和人才需求最旺盛的城市，北京的高端职位供给排名为全球第 51。维也纳是全球最宜居科技创新城市，北京的宜居排名未进入全球 20 强。

全球科技创新中心夜间灯光亮度前 20 强绝大部分为发达国家城市，孟买、曼谷夜间灯光亮度较高，体现了新兴经济体的快速崛起，而北京夜间灯光亮度排名仅为第 89 位。旧金山—圣何塞、纽约—纽瓦克和伦敦是全球知名度最高的三个科技创新城市，北京创新关键词检索排名为第 21 位（见表 3）。在媒体和社会关注热度方面，北京与排名靠前的欧美创新城市相比存在相当大的差距。与旧金山—圣何塞、苏黎世—巴塞尔等国际著名都市圈相比，京津冀三地的协同创新机制仍处于起步阶段，创新资源共享和有机互动不足，北京的科技创新优势对天津和河北的辐射带动作用有待进一步加强。

表 3　北京创新环境与全球一流科技创新城市排名比较

项目	北京	旧金山—圣何塞	纽约—纽瓦克	伦敦	巴黎	华盛顿	东京
高端职位供给	51	1	2	7	5	6	
高级宾馆数量	9		10	1	2		
航线数量	10	18	3	1	4	16	
夜间灯光亮度	89	9			1		
创新关键词检索	21	1	2	3	8	7	

注：空格表示未进入前 20 名，并且排名数据不详。

资料来源：上海市信息中心《2017 全球科技创新中心评估报告》，2017，第 39—48 页。

（四）低端制造业比重较高

在全球科技创新综合评分前十名的城市中，北京制造业比重超过 16%，而且是唯一超过 10% 的城市。综合排名位于前三的旧金山—圣何塞、纽约—纽瓦克和伦敦的制造业比重均低于 5%。制造业比重过高不仅不利于科技创新，而且会造成土地等生态资源的大量消耗。北京的医药化工、电子信息（含软件和互联网）、高端制造（包括汽车、空天、电气设备、重工等）三大高科技制造业与世界一流创新城市之间还有明显差距。尤其是在医药化工领域，北京表现最弱，未能列入全球科技创新中心 20 强，排在第 45 位。高端制造业和电子信息两项北京分别列第 18 位和第 9 位（见表 4）。在信息技术领域，目前北京的优势主要体现在电子商务、社交网络、数字媒体等"软创新"领域（占独角兽企业的75%），而在大数据、物联网、自动驾驶、人工智能、智能硬件、绿色科技等以技术积累为主要特征的"硬创新"领域则表现不佳。相比硅谷的13家"硬创新"独角兽企业，北京仅有3家（小米、寒武纪、商汤科技）。目前，北京疏解非首都功能成绩显著，但低端制造业比重仍然偏高，说明北京进一步加快优化产业结构的任务还十分紧迫。

表4　北京高科技制造业与全球一流科技创新城市比较

项目	北京	旧金山—圣何塞	纽约—纽瓦克	伦敦	巴黎	华盛顿	东京
医药化工	45	4	3	7	10		9
电子信息	9	1	7	18	17		3
高端制造	18		11	16	5	4	3

注：空格表示未进入前20名，并且排名数据不详。

资料来源：上海市信息中心《2017全球科技创新中心评估报告》，2017，第21—30页。

二　北京建设全球一流科技创新城市发展方向

针对科技创新中心建设发展现状和方向，北京应在明确自身定位的前提下发挥优势特色，打造全球人才聚集地，建设前沿科创中心，营造一流创新环境，深化高端产业发展。

（一）打造全球科技创新人才聚集地

在大力推进"海聚工程"[①]等顶尖创新人才引进项目的同时，应高度重视北京人才集中度不高的问题。人才集中度主要包括以下四个指标：高等教

---

① "海聚工程"是专门面向海外高端人才来京创新创业的鼓励政策。北京官方2009年提出，计划用5至10年，引进并有重点地支持1000名左右海外高端人才来京创新创业。参见杨凯淇《511名"海聚"人才北京创业：选择不安逸的路》，科学网，2013年11月30日，http：//news. science-net. cn/htmlnews/2013/11/285678. shtm，最后访问时间：2020年10月27日。

育办学质量、市民教育水平、20—40岁科技人才、高新技术产业就业。北京既要提升人才质量的高度和精度，也要拓展人才数量的宽度和深度。发挥北京高等院校聚集优势，努力建设世界高水平大学，使北京高校成为科技创新人才的发动机，为北京建设科技创新中心提供丰富的人才储备和坚实的智力支持。政府部门应制定和完善相关便利政策，降低科技创业成本，扶持小微企业，提高科技人员待遇，更好地支持青年人才在京就业。北京应抓住"一带一路"倡议、2022年北京冬奥会等重要契机，努力提升国际化人才的数量和国际竞争力，优化国际化人才的结构和发展环境，努力成为全球科技创新人才首选聚集地。

（二）构建全球科技创新前沿中心

争取在前沿科技创新领域占据领先地位，是北京赶超全球一流科技创新中心的关键所在。北京应发挥拥有众多高质量大学和科研院所的优势，集中力量加快国家实验室、国家重点实验室体制机制创新，打造国家战略科技力量体系的核心主体。另外，还需要注意的一个重要问题是，虽然北京在领先科研机构数量上已经位居全球第一，但缺乏类似美国IBM企业性质的领先科研机构。目前，北京集聚了大量央企总部，企业研发投入已经超过波士顿，列全球第8位（2017年）。京东、百度、联想等高科技龙头企业拥有强劲科技创新实力。因此，北京应积极出台相关政策，发挥市场导向作用，大力支持企业性质的领先科研机构开展前沿科技创新活动。

（三）营造全球一流科技创新环境

良好的创新环境有利于为北京建设科技创新中心提供重要支撑和保障。创新环境是北京在全球科技创新城市综合评分标准中最弱的一项，较大程度上影响了北京科技创新城市的全球排名。首先，北京应继续下大力气治理雾霾和环境污染，提升城市宜居度，吸引更多国内外高科技企业和人才。其次，应发挥北京作为首都在国际交往中的重要地位，提高北京建设科技创新中心的媒体曝光度和关注度，树立北京全球一流科技创新城市的形象。再次，加快北京夜间经济发展，促进城市繁荣和科技创新。最后，全面提升京津冀区域协同创新能力，打造全球一流区域创新环境，为北京提供更富活力的创新生态系统。

（四）深化高科技制造业发展

北京在电子信息技术领域应补齐"硬创新"短板，重点支持 5G 技术、大数据、物联网、自动驾驶、网络安全、绿色科技、智能硬件等科创企业发展。鉴于硅谷和纽约等全球一流创新中心的成功示范，以及北京拥有全国最优质医疗资源的优势，北京应重点加强医药化工领域布局，形成医药健康和信息技术"双发动机"。以新能源汽车、集成电路、新一代健康诊疗服务（包括基因产业链、智慧健康产业链、新型药物以及智慧化诊疗设备四大板块）以及通用航空与卫星作为制造业四大优势重点领域，突出高端化、服务化、集聚化、融合化、低碳化发展理念，打造北京全球高端制造中心。

三　北京科技创新中心对外传播话语体系建设路径分析

基于上述分析，北京科技创新中心对外传播话语体系建设应重视以下三个方面，即完善科技创新中心对外传播话语体系布局、发挥新媒体技术优势、把握战略发展机遇期。

（一）完善北京科技创新中心对外传播话语体系布局

总体来看，目前北京科技创新中心建设对外传播工作尚未形成话语体系优势。从传播数量看，有关北京科技创新的海外报道力度不够，各种媒体的对外宣传内容偏少，介绍北京科技创新的海外信息输出量不大。从传播效果看，有关北京科技创新的信息较多以部分或片段的形式零散地出现在媒体新闻报道和学术成果中，而缺少系统性、全面性、专业性和客观性的海外宣传。从传播主体看，有关北京科技创新的外文报道，主要出现在国外媒体渠道，评价标准和话语权尚未掌握在我国主流媒体手中。

北京科技创新对外传播工作提出的首要任务是扩大对外宣传力度，特别是关于北京科技创新政策、科技人才引进政策、重点项目科技攻关成果的报道应力求及时、准确、详细，最大限度地满足海外受众渴望了解北京科技创新进展情况的需求和期盼。国内主流媒体在对外报道北京科技创新情况时应注意增强报道内容的系统性和专业性，全面、客观地向海外介绍北京科技创新现状和发展方向。相关媒体、政府部门、智库机构、高等院校、科研院所和企事业单位应加强对外传播的宣传力度，利用好互联网等新媒体传播手段，建设好本单位与北京科技创新相关的外文专题网络板块，集中力量出版一批展示北京科技创新实力的优秀成果。

（二）加强新媒体时代北京科技创新对外传播能力

当前，新媒体时代的传播模式和技术手段呈现出日新月异的变化态势。但是，北京科技创新对外传播方法还相对较为传统，对传播领域内新技术发展的重视程度不足。例如，计算机网络、手机、数字电视等数字技术终端传播平台的建设还不够完善，并且国内媒体在对外报道北京科技创新成就时对新媒体传播平台的应用度不高。

互联网词条信息外文检索量是衡量北京科技创新中心建设对外传播成效的重要指标之一。加强"互联网＋"对外传播话语权是北京科技创新中心对外传播话语体系建设的重要方向。在对外传播技术载体方面，实现手机媒体、数字电视、互联网新媒体和户外新媒体等多元传播平台创新。拓展北京科技创新对外传播渠道，以着力突出新媒体时代对外传播的互动性和即时性。充分重视自媒体、融媒体等新兴传播理念在北京科技创新对外传播中发挥积极作用，利用微博、微信、推特、脸书、油管等网络社交平台，借助"六度空间"和"病毒营销"等传播理论，发挥自媒体传播优势，推动北京科技创新中心建设对外传播形成良好国际口碑。打通传统媒体边界，以"融媒体"等移动互联网时代传播模式突破传统对外传播资源匮乏和覆盖面狭窄的局限性，树立以"数据库"为中心，以"用户"和"服务"为宗旨的对外传播理念，扩大北京科技创新对外传播的影响力。

（三）把握北京科技创新对外传播战略机遇期

"一带一路"倡议和 2022 年冬奥会为北京科技创新中心建设对外传播、提升北京国际形象提供了重要机遇。把握"一带一路"倡议和 2022 年冬奥会两个历史机遇期，促进北京科技创新中心对外传播话语体系建设打开新局面。

近年来，以"一带一路"倡议为背景，首都北京举办了大量主场外交活动，为世界更好地认识北京科技创新中心打开新窗口。2018 年 11 月公布的《"一带一路"沿线主要国家的中国观》调查报告显示，共建"一带一路"主要国家的民众认为中国是全球经济发展的重要引擎，84.9% 的受访者高度认可中国科技实力和科技创新能力。首都北京作为排头兵加快融入"一带一路"倡议，推进科技创新中心对外传播，对提升北京国际形象具有重要意义。未来，北京应依托"一带一路"倡议，构建北京科技创新对外传播"一带一路"共建国家语种语料库，扩大与"一带一路"共建国家主流媒体的交流与合作，开拓北京科技创新中心建设对外传播的"一带一路"平台。

2022 年北京冬奥会将成为北京科技创新建设成果面向世界的展示舞台。首先，R134a 直接蒸发式制冰技术、虚拟现实技术、人工智能、新能源汽车、28K 高清显示技术、5G 通信技术和转播技术等最新科技创新成果将在冬奥会期间投入服务应用；其次，北京相关媒体和对外交流机构应以服务北京冬奥会和展示北京科技创新中心形象为宗旨，设置专门主题外宣窗口，把握办好冬奥会作为展示北京科技创新技术水平的契机，让世界及时了解北京为"科技冬奥"服务的最新进展；最后，应充分发挥短视频、网络直播、弹幕互动、VR 技术等新媒体技术优势，与新媒体公司全方位合作，对传统电视直播模式形成有力补充，增强冬奥赛事的娱乐性、互动性和国际性，提高世界范围内观众的参与度，以冬奥会为平台全方位提升北京科技创新中心国际形象。

参考文献

刘薇：《北京绿色发展与科技创新战略研究》，中国经济出版社，2015。

闫仲秋：《首都建设全国科技创新中心研究》，中国经济出版社，2016。

安璐：《全球科技创新中心：内涵、要素与发展方向》，《人民论坛·学术前沿》2020 年
　　第 6 期。

陆园园：《北京科技创新中心建设路径》，《前线》2018 年第 10 期。

邓丽姝：《科技创新中心引领北京现代化经济体系建设的战略路径》，《城市发展研究》
　　2019 年第 2 期。

慕玲、冯海燕：《城市公共外交视角下的首都形象传播》，《前线》2019 年第 12 期。

俞婷宁：《互联网国际规则建构：话语策略的公共安全视角》，《国际安全研究》2017 年
　　第 3 期。

图书在版编目（CIP）数据

北京对外文化传播发展研究报告. 2019－2020／王磊
主编. －－ 北京：社会科学文献出版社，2021.1
ISBN 978－7－5201－7834－1

Ⅰ.①北… Ⅱ.①王… Ⅲ.①文化传播－研究报告－
北京－2019－2020 Ⅳ.①G127.1

中国版本图书馆 CIP 数据核字（2021）第 015102 号

北京对外文化传播发展研究报告（2019～2020）

主　　编／王　磊

出 版 人／王利民
组稿编辑／史晓琳
责任编辑／吕秋莎
文稿编辑／仇婧涵

出　　版／社会科学文献出版社·国际出版分社（010）59367142
　　　　　地址：北京市北三环中路甲 29 号院华龙大厦　邮编：100029
　　　　　网址：www. ssap. com. cn
发　　行／市场营销中心（010）59367081　59367083
印　　装／三河市尚艺印装有限公司

规　　格／开　本：787mm×1092mm　1/16
　　　　　印　张：10.75　字　数：162 千字
版　　次／2021 年 1 月第 1 版　2021 年 1 月第 1 次印刷
书　　号／ISBN 978－7－5201－7834－1
定　　价／98.00 元

本书如有印装质量问题，请与读者服务中心（010－59367028）联系